Este livro pertence a

Este livro foi desenvolvido com o propósito de promover um encontro diário entre pais e filhos. Seu conteúdo é voltado ao aprendizado de valores morais universais, de uma maneira descontraída e afetiva. Ao considerar que o caráter de uma pessoa tem os principais traços definidos nos primeiros sete anos de vida, é importante que cada interação ocorra em um tempo significativo, no qual se valorize a qualidade das relações familiares, com o objetivo de construir o bom caráter da criança.

Para obter um resultado ainda mais proveitoso, sugerimos aos pais ou contadores da história que leiam com antecedência o texto. É importante lembrar que contar uma história é mais do que ler: é usar a entonação adequada para cada situação, descrever cenários, interpretar e dar vida aos momentos de ação, suspense e emoção. Enfim, é viver a história em todas as suas nuances.

Nesta edição, você encontra 90 reflexões diárias relacionadas ao *aprendizado* que geralmente se adquire com a amizade. Conheça os diversos personagens e, na sequência, divirta-se com as aventuras do Smilingüido e seus amigos. Cada dia começa com um versículo bíblico, na versão da NTLH, seguido por uma história ilustrada que aborda o tema de maneira criativa. São propostas ainda perguntas para interagir e refletir com as crianças.

É uma excelente ferramenta para que você possa praticar, em amor, o conselho bíblico do rei Salomão: "Eduque a criança no caminho em que deve andar, e até o fim da vida não se desviará dele" (PROVÉRBIOS 22:6).

Aproveite o privilégio de educar as crianças como dádiva de Deus para este tempo. Boa leitura!

Os editores

Dia a dia com Smilingüido e sua turma — Aprendendo com os amigos
© 2022 EDITORA LUZ E VIDA
Publicado, com a devida licença, por Publicações Pão Diário.
Todos os direitos reservados.

EQUIPE LUZ E VIDA
Editor: Samuel Eberle
Coordenação geral: David Fehrmann
Coordenação e projeto gráfico: Cristiane Maass Wieler
Direção de arte: Jaqueline J. V. Firzlaff
Arte: André Warkentin, Andrea L. Fylyk, Antonio C. Boamorte, Cezar A. Wolf dos Santos, Cristiane Maass Wieler, Cristiane Nogueira Matenauer, Eliane Maass Sirqueira, Eloir A. da Veiga, Felipe F. da Silva, Fernando R. Rodrigues, Jair Cunha da Silva, Janete C. Trindade, Karine Fuchs, Lia S. Souza Wandscheer, Marianne B. Richter Dias, Roberto Corrêa Gonçalves, Samara de Araújo Barbosa, Sandra Carvalho
Revisão: Cristiane Buhr Voth, Cristiane Maass Wieler, David Fehrmann, Jaqueline J. V. Firzlaff, Josias Brepohl, Mônica Ludvich, Renata Ballarini Coelho, Silvana Pinheiro Taets, Tatiana Montefusco
Colaboração: Adolf Carl Krüger – Biólogo (CRB 25081 03D)

Dados Internacionais de Catalogação na Publicação (CIP)

Dia a dia com Smilingüido e sua turma — Aprendendo com os amigos / editor Samuel Eberle dos Santos – Curitiba/PR, Publicações Pão Diário.

1. Devocional; 2. Vida cristã; 3. Educação cristã infantil; 4. Aprendizado.

Proibida a reprodução total ou parcial, sem prévia autorização, por escrito, da editora. Todos os direitos reservados e protegidos pela Lei 9.610, de 19/02/1998.

Exceto quando indicado no texto, os trechos bíblicos mencionados são da edição Nova Tradução na Linguagem de Hoje © 2011 Sociedade Bíblica do Brasil.

Publicações Pão Diário
Caixa Postal 4190,
82501-970 Curitiba/PR, Brasil
publicacoes@paodiario.org
www.publicacoespaodiario.com.br
Telefone: (41) 3257-4028

Código: SU626
ISBN: 978-65-5350-024-2

1.ª edição: 2022 • 2.ª impressão: 2023

Impresso na China

Os escritores

Aline de Salles Ferreira (AF)
Caprice Baliero Winter (CW)
Cláudio Marcos Figueiredo (CF)
Claus Vitor Wieler (CVW)
Cristiane Maass Wieler (CMW)
Cristina Welzel da Silva (CS)
Debora Musumeci Serri (DMS)
Djanira dos Santos Siqueira (DS)
Edile Maria Fracaro Rodrigues (ER)
Ester Saphira Storck (ES)
Germaine Monika Schneider da Silva (MS)
Guisela Araújo (GA)
Herbert Denard Alvarenga Farias (HF)
Helena Cecília Carnieri (HC)
Iliana Willig (IW)
Ingrid Prado (IP)
Jaqueline J. Vogel Firzlaff (JF)
Josias Brepohl (JB)
Juliana Pompeo Helpa (JH)
Karim Midhat Serri (KS)
Karine Fuchs (KF)
Lucila Sant'Ana Alves Lis (LL)
Mara Xavier Melnik (MM)
Maria Angela Piovezan Figueiredo (MF)
Melina Pockrandt (MP)
Myrta August Kroeger (MK)
Neusa Maria Santos de Almeida (NA)
Priscila Rodrigues Aguiar Laranjeira (PL)
Renata Balarini Coelho (RB)
Ricardo Wieler (RW)
Sandra Pina (SP)
Sandra Poppof (SPP)
Silvana Pinheiro Taets (ST)
Tainah de Pauli Siqueira (TS)
Taís Serafim Souza da Costa (TSC)
Tereza Cristina Manassés (TM)

O mundo das formigamigas

O mundo das Formigamigas, onde o Smilingüido e sua turma vivem suas histórias, não é de homens, mas de formigas e fantasia. Os pequenos representam crianças de 8 anos e têm como figuras de pai e mãe o mestre Formisã e a rainha Formosa. Estes têm a responsabilidade de ensinar, aconselhar, repreender, prover necessidades e exercer autoridade sobre os pequenos com amor e justiça. As formigamigas são uma grande família que vive em meio à floresta brasileira com outros insetos. Elas são pequenas, frágeis, solidárias, trabalhadoras e organizadas como qualquer formiga. Porém, são especiais, porque descobriram como se relacionar com o Senhor Criador de uma forma simples e natural. Por meio de muita brincadeira, erros e acertos, alegrias e frustrações, as formigamigas experimentam o amor e o cuidado dele, conhecem-no cada dia mais e aprendem a aplicar Seus valores. Smilingüido, Piriá, Pildas, Forfo, Faniquita, Taploft, Talento, Tolero e Flau são as formigas pequenas que compõem a turma desse formigueiro.

Essas formiguinhas são bem espertas, e nós, humanos, até temos algo a aprender com elas!

As formigamigas

SMILINGÜIDO

Smilingüido é amigo do Senhor Criador, conversa e mantém um relacionamento aberto com Ele. É amoroso, interessado, esforçado, participativo e conciliador. Procura resolver conflitos de maneira pacífica e teme magoar os amigos. Smilingüido é dramático, carinhoso, perfeccionista, toca violão e compõe musiquinhas.

FANIQUITA

Faniquita é espoleta, escandalosa, ansiosa e impaciente. Gosta de homenagens, é muito animada e sonha em ser rainha um dia. E também é a maior fã da rainha Formosa.

PIRIÁ

Piriá é uma formiga que veio do sul da floresta: eis o porquê do sotaque sulista - mais especificamente de Santa Catarina.

Piriá e Smilingüido são grandes amigos embora sejam bem diferentes um do outro. Piriá é intempestivo e pensa muito em si. Chega a ser imprudente em seus ímpetos, mas não mal-intencionado.

Convive com seus defeitos e não se preocupa com eles.

Piriá não gosta de drama, de sentimentalismo - só se for para interesse próprio - e aprecia ser reconhecido.

Entretanto, quase sempre ele reconhece suas mancadas diante do amor do Criador.

FORFO

Forfo é alegre, bonachão, sensível e, às vezes, ingênuo. Gosta muito de gabiri, uma frutinha muito saborosa. É companheiro, um grande amigo que está sempre pronto a ajudar.

PILDAS

Pildas é amigo, destemido, simples e criativo. É desligado, não esquenta a cabeça com problemas. Chega a causar espanto com seu jeito descansado, mas não recua diante de um desafio. É esportivo, inventa coisas, faz brinquedos. Gosta de farinha de rosca e possui um bornalzinho, um saquinho para carregá-la. Veio do nordeste e tem sotaque característico do interior.

TALENTO & TOLERO

Talento e Tolero — irmãos gêmeos — são lentos, simétricos e espelhados. Não são bobos, só lentos. Nunca se apressam e estão sempre sorridentes. Quando um diz: "Vai chover", o outro repete: "É, chover". São pacientes, tolerantes, calmos e tranquilos.

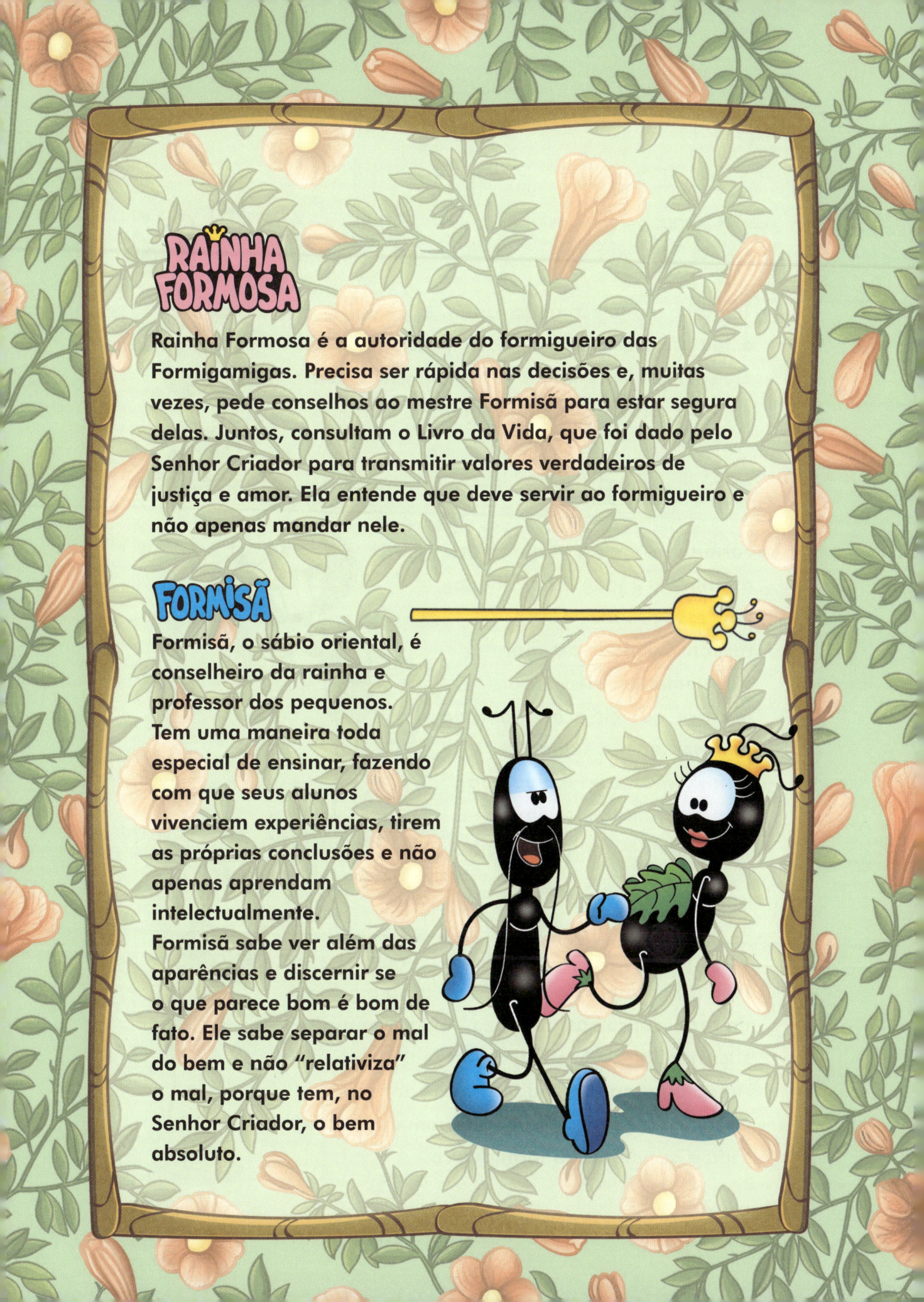

Rainha Formosa

Rainha Formosa é a autoridade do formigueiro das Formigamigas. Precisa ser rápida nas decisões e, muitas vezes, pede conselhos ao mestre Formisã para estar segura delas. Juntos, consultam o Livro da Vida, que foi dado pelo Senhor Criador para transmitir valores verdadeiros de justiça e amor. Ela entende que deve servir ao formigueiro e não apenas mandar nele.

Formisã

Formisã, o sábio oriental, é conselheiro da rainha e professor dos pequenos. Tem uma maneira toda especial de ensinar, fazendo com que seus alunos vivenciem experiências, tirem as próprias conclusões e não apenas aprendam intelectualmente. Formisã sabe ver além das aparências e discernir se o que parece bom é bom de fato. Ele sabe separar o mal do bem e não "relativiza" o mal, porque tem, no Senhor Criador, o bem absoluto.

TAPLOFT

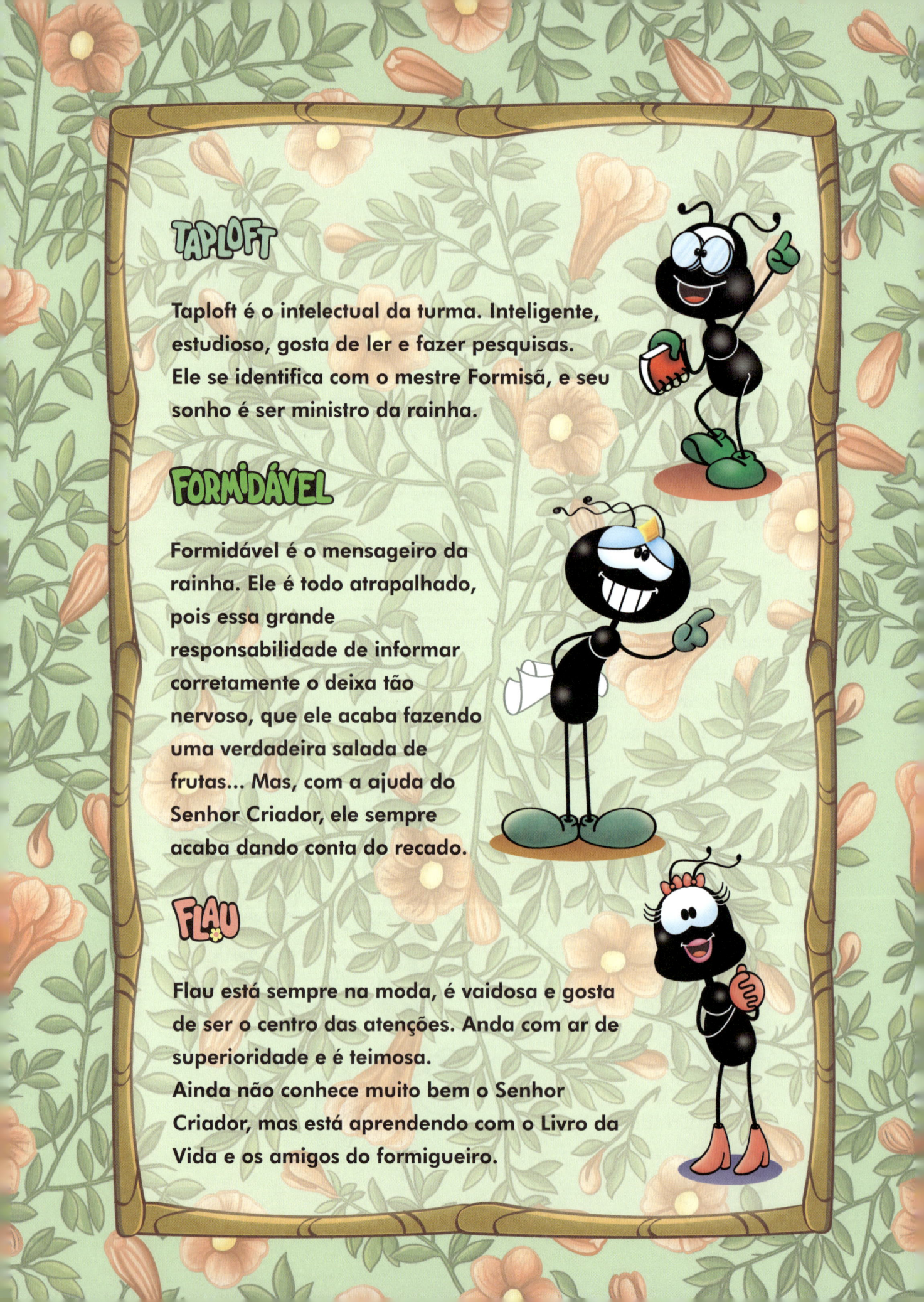

Taploft é o intelectual da turma. Inteligente, estudioso, gosta de ler e fazer pesquisas. Ele se identifica com o mestre Formisã, e seu sonho é ser ministro da rainha.

FORMIDÁVEL

Formidável é o mensageiro da rainha. Ele é todo atrapalhado, pois essa grande responsabilidade de informar corretamente o deixa tão nervoso, que ele acaba fazendo uma verdadeira salada de frutas... Mas, com a ajuda do Senhor Criador, ele sempre acaba dando conta do recado.

FLAU

Flau está sempre na moda, é vaidosa e gosta de ser o centro das atenções. Anda com ar de superioridade e é teimosa.
Ainda não conhece muito bem o Senhor Criador, mas está aprendendo com o Livro da Vida e os amigos do formigueiro.

Outros habitantes da Floresdeira

INSETOS

Os insetos formam o maior grupo de animais. Eles são muito numerosos e estão em todo lugar. Você já observou os insetos que estão à nossa volta? Formigas, besouros, moscas, grilos, borboletas e muitos outros. Existem muitos tipos de insetos, mas todos possuem seis pernas. Os insetos também têm um par de antenas, e muitos apresentam asas. Há insetos que podem voar bem rápido, alguns voam a mais de 50 km/h. As borboletas não batem as asas muito rápido e não fazem mais de 20 batimentos de asa por segundo. As abelhas são mais velozes e batem as asas cerca de 190 vezes por minuto. Entretanto, os que agitam as asas mais rapidamente são os mosquitos: alguns chegam a ter mil batimentos por segundo. Alguns insetos produzem coisas muito boas para o homem como o mel, por exemplo, feito pelas abelhas. Outros podem causar doenças, mas todos são importantíssimos na natureza; por exemplo, para polinizar as plantas.

ABELHAS

As abelhas são insetos sociais. Os animais sociais vivem em colônias onde os indivíduos dependem uns dos outros e são divididos em diferentes tipos: existe a rainha, responsável pela colônia, existem as operárias, que realizam diversos trabalhos, e podem existir também os soldados, responsáveis pela defesa da colônia.

Entre as abelhas, as operárias, que podem chegar a 80 mil em uma colônia, não vivem muito tempo e a rainha pode pôr até mil ovos por dia para que nasçam novas abelhas.

Quando uma abelha encontra uma fonte de alimento, executa uma dança e produz sons para indicar o local exato para as outras abelhas. Elas usam a posição do sol para sua orientação.

O mel é elaborado pelas abelhas com o néctar das flores.

FORMIGAS

As formigas são insetos sociais. Uma colônia de formigas, que chamamos de formigueiro, pode ter mais de 2 milhões de formigas operárias. Estas podem andar até mais de cem metros em busca de folhas e chegam a colher cerca de 50 quilos de vegetação num dia. Elas não comem as folhas, mas, dentro do formigueiro, criam fungos (cogumelos e mofos são fungos) que consomem essas folhas, e as formigas comem os fungos.

CUPINS

Os cupins, que também são insetos sociais, podem construir grandes ninhos, que chamamos de cupinzeiros. Esses ninhos podem ter vários metros de altura e diferentes formatos e possuem sistemas de ventilação muito eficientes para renovar o ar. Em uma colônia de cupins, podemos encontrar alguns milhares ou até mesmo milhões desses insetos. O rei e a rainha da colônia podem viver muitos anos, e uma rainha pode colocar milhares de ovos por dia. A maior parte do trabalho é feita pelos cupins operários, que buscam comida, alimentam a rainha e os soldados, constroem e fazem reparos no ninho. Os cupins soldados são responsáveis pela defesa da colônia. Existem também cupins que vivem em troncos de árvores ou de madeira, como postes e até em móveis das nossas casas.

BORBOLETA ou MARIPOSA?

As borboletas voam durante o dia e, quando pousam, mantêm as asas unidas e levantadas. As mariposas são noturnas e pousam com as asas distendidas para os lados.
Tanto as borboletas quanto as mariposas passam por grandes transformações durante a vida. As formas jovens são as lagartas. Elas vivem comendo para depois fecharem-se dentro de um casulo até que transformem-se em adultas com asas.

BICHO-PAU
Os bichos-pau recebem esse nome porque são muito parecidos com galhos verdes ou secos. Algumas espécies podem medir mais de 20 centímetros de comprimento, e a maior espécie conhecida chega a ter 33 centímetros. Em geral, eles ficam sem se mexer ou têm movimentos muito lentos.

CIGARRAS
As cigarras, junto com os grilos e gafanhotos, são insetos que produzem uma quantidade de som especialmente notável. O som produzido pelas cigarras serve para reunir esses animais. Elas possuem órgãos especiais que produzem o som por meio de vibrações.

CENTOPEIA
Existe uma espécie de centopeia gigante que pode chegar a 26 centímetros de comprimento, mas a maioria é bem menor do que isso. As centopeias podem ter entre 15 e 170 pares de pernas. Elas se alimentam de pequenos animais. Algumas espécies podem ter picadas doloridas.

VAGA-LUME
Um tipo especial de besouro é o vaga-lume. Os vaga-lumes utilizam os sinais de luz para se comunicar. Aquelas luzes que vemos piscando servem como sinais visuais para que os vaga-lumes possam se encontrar.

LIBÉLULAS

As libélulas nascem de ovos que são postos na água pelas fêmeas. Os filhotes de libélula, que são chamados de náiades, vivem um bom tempo na água antes de se transformar em adultos. Muitas libélulas voam lentamente, mas outras conseguem voar bem rápido, com velocidade de até 80 km/h. As libélulas se alimentam de outros insetos, que podem ser capturados e até comidos enquanto elas estão voando.

LOUVA-A-DEUS

A posição em que esses insetos ficam parados, lembra o gesto de unir as mãos para fazer uma oração, fez eles receberem esse nome.
A maneira como a cabeça do louva-a-deus se junta ao corpo faz com que este seja o único inseto capaz de olhar para trás.

MOSCAS E MOSQUITOS

Existe um grupo de insetos que não possui dois pares de asas como os outros insetos alados, mas apenas um par. São as moscas e mosquitos.
Precisamos ter cuidado com esses insetos, porque eles podem transmitir algumas doenças, sem falar que eles incomodam bastante, principalmente aqueles mosquitos que não nos deixam dormir e tentam sugar nosso sangue.

TEXTO PRODUZIDO POR: Adolf Carl Krüger - Biólogo (CRB 25081 03D)

Procurando alguém para conversar

Dia 01

"Orem sempre." 1 Tessalonicenses 5.17

Smilingüido acaba de voltar da Floresdeira, onde passou o dia inteiro brincando com Saula, uma formiga sauvita. Ele está tão contente que quer contar para os seus amigos como foram as brincadeiras. Por isso, Smilingüido resolve procurar a turma.

A primeira formiga que ele encontra é Faniquita, mas ela está ocupada demais e não quer conversar. Depois, Smilingüido vê o Forfo, que está de saída para a casa das abelhas. Lá vai o Forfo buscar mais mel!

"Onde será que o Pildas e o Piriá se meteram?" pensa Smilingüido. "Tenho certeza de que eles gostariam de me ouvir."

Então, Smi se lembra de que Piriá iria consertar o carrinho de rolenozes do Pildas. Assim, decide procurá-los. Porém, o carrinho já foi consertado e os dois estão apostando corrida. É claro que não vão querer parar agora!

Já que os seus amigos não têm tempo para ele, Smilingüido pensa em conversar com as formigas adultas. No entanto, fica sabendo que o mestre Formisã e a rainha Formosa estão em uma reunião muito importante.

Triste, Smilingüido se sente sozinho, pois não tem ninguém com quem conversar. Então, olha para o céu e se lembra do seu grande amigo, o Senhor Criador, que sempre tem tempo para Smilingüido e nunca está ocupado demais. Assim, Smilingüido começa a contar-lhe todas as novidades e se sente muito feliz. Como é bom saber que o Senhor Criador sempre está pronto para nos ouvir! (RB)

Você conversa com Deus do mesmo jeito que conversa com um amigo? O que você pode compartilhar com ele?

Dia 02

Ninguém me viu

"O Deus Eterno vê o que acontece em toda parte; ele está observando todos..." Provérbios 15.3

Hoje foi um dia em que muitas coisas boas aconteceram!

Ao acordar, a rainha Formosa encontrou um lindo ramo de flores na entrada do seu quarto. Ela o pegou, cheirou e disse contente:

— Que perfume gostoso! E que lindas flores! Quem será que levantou cedo para me fazer uma surpresa tão bonita?

Ela olhou para todos os lados. Entretanto, não viu a Faniquita, que estava escondida atrás da porta espiando a rainha.

Mais tarde, em outro lugar, outra surpresa!

Todos os dias, depois da aula, mestre Formisã arruma a sala. Hoje, porém, enquanto ele foi resolver algo lá fora, duas formiguinhas voltaram para a sala sem ele perceber.

— Rápido, Pildas! Vamos arrumar! Eu apago o "quadro verde"! — disse Smilingüido.

Quando o mestre voltou, os pequenos ouviram lá de fora como ele ficou contente:

— Tudo limpinho! Que surpresa! Quem será que fez isso? Não vi mais ninguém por aqui!

Por causa dessas surpresas, tanto a rainha Formosa quanto o mestre Formisã ficaram muito felizes. Eles não sabiam quem tinha feito aquelas coisas, mas o Senhor Criador sabia! Ele viu tudo e ficou feliz também. Os olhos dele estão em todo lugar. O Criador sabe o que estamos pensando e fazendo.

Faniquita, Smilingüido e Pildas não se importaram se alguém tinha visto ou não o que eles fizeram. Queriam somente ajudar e fazer alguém feliz. Um dia, o Senhor Criador recompensará tudo o que eles fizeram de coração. (MS)

Deus se alegra com as coisas boas que você faz. Que tal alegrar Deus e algum amigo com uma boa surpresa?

A união faz barulho

Dia 03

"... Se você conhece o Deus Santo, então você tem compreensão das coisas." Provérbios 9.10

— Lá, lá, lará, lará... — Pildas vinha, todo entusiasmado, carregando as gabiris que havia colhido para a festa da colheita, em agradecimento ao Criador pelo alimento de cada dia. Todos deveriam trazer alguma coisa da Floresdeira. Só que, ao chegar ao formigueiro, ele encontrou um amigo numa enrascada: Forfo queria tirar um gomo de amora que estava entalado na entrada do formigueiro. Não entrava nem saía; e o pior é que ninguém passava nem para um lado nem para o outro. Pildas sugeriu que, juntos, eles puxassem a fruta para fora.

— Quando eu contar três: um, dois, três... — mas a fruta nem se mexeu.

Aí vinha passando o Piriá:

— Deixa comigo que agora vai dar certo: um, dois, três... — e nada.

Aí chegou o Smilingüido; logo depois, o Talento e o Tolero, a Faniquita... E todos tentaram, mas ninguém conseguiu resolver o problema. Sabe o que estava acontecendo? Outras formigas, responsáveis pela ordem e manutenção do formigueiro, tentavam puxar também o gomo de amora, só que do lado de dentro, no sentido contrário. Claro que ninguém conseguiria mover a tal da amora!

Ainda bem que algumas formigas são antenadas para aquela vozinha interior, que vem do Criador, mostrando como resolver uma situação. Assim aconteceu com Formisã, que apareceu e esclareceu tudo. Então, todas as formigas respiraram fundo, contaram até três e forçaram o gomo de amora para o mesmo lado. Ele finalmente saiu rolando para fora e todos atrás, tentando segurá-lo.

Depois de tudo, foi mesmo uma festa: todos rindo e descansando debaixo de uma folha, cada um com um sorriso maior que o do outro, porque foi graças ao pequeno esforço de todos que o grande resultado apareceu. (TM)

Quem ajudou o mestre a descobrir qual era o problema? Se você está "ligado" em Deus, ele também ajuda você a encontrar soluções para os seus problemas.

Dia 04

O arco-íris

"... O arco-íris será o sinal do acordo que estou fazendo com o mundo." Gênesis 9.13

Tinha chovido a noite toda. O chão estava cheio de lama. Nem sinal de sol. Faniquita olhou para o céu e pensou: "Do jeito que está, acho que vai chover mais ainda".

Não deu outra: a chuva veio de novo, e a turma precisou se proteger embaixo das folhas. Mas logo ela passou, e o céu começou a ficar azul novamente.

— Que bom que o sol já está começando a aparecer! — Faniquita comentou.

— Daqui a pouco, o barro seca e nós vamos poder brincar! — concluiu Pildas.

Smilingüido, que vinha se aproximando, estava com os olhos brilhando:

— Vocês viram o que eu vi? — perguntou, apontando para o céu.

— Que lindo! — exclamou Faniquita.

Mestre Formisã ouviu o finalzinho da conversa e sorriu:

— Sabem que o arco-íris foi posto lá pelo Senhor Criador? Houve uma época em que o Criador estava triste com as criaturas, porque elas estavam fazendo muitas coisas ruins. Então, ele decidiu que mandaria uma tempestade para destruir aqueles que não faziam o que era certo. Quase todo mundo seria destruído. Só um humano chamado Noé e sua família sobreviveram, protegidos num grande barco, porque eles procuravam agradar ao Criador, obedecendo a ele. Quando a tempestade passou, o Senhor Criador colocou um arco-íris no céu para mostrar aos que se salvaram que ele ama toda a criação e deseja que todas as criaturas nunca se esqueçam dele e do seu amor.

— Só podia ser coisa do Senhor Criador! — Faniquita disse mais feliz ainda.

(SP)

O que simboliza o arco-íris?
A história de Noé está escrita na Bíblia, no livro de Gênesis, capítulos 6 a 9.

O aviãozinho de Pildas

Dia 05

"... Vivam em paz uns com os outros." 1 Tessalonicenses 5.13

Pildas adora inventar brinquedos diferentes. Hoje mesmo convidou Piriá para testar o novo aviãozinho de folhas secas que acabara de fazer.

— Não vejo a hora de saber se vai dar certo! — disse Pildas.

— Onde vamos fazer o teste? — perguntou Piriá. — Já sei: vamos subir naquele cogumelo. Quando bater o vento, tu jogas o avião pra cima.

Assim, Pildas e Piriá subiram no cogumelo para testar o brinquedo. Quando bateu o vento, jogaram o aviãozinho e ele saiu voando. Pildas ficou muito feliz, pois tinha dado tudo certo! Então, Piriá teve uma ideia:

— Ei, Pildas! Já que o teu brinquedo deu certo, o que tu achas de fazermos uma competição? Vamos ver quem faz o aviãozinho subir mais alto?

Pildas concordou e os dois subiram novamente no cogumelo. Primeiro, Piriá jogou o aviãozinho com toda a força e ele subiu bastante. Piriá achou que já tinha ganhado. Mas, depois, foi a vez de Pildas. Ele esperou o vento soprar e jogou o aviãozinho para cima. E o vento fez o avião voar mais alto ainda. Piriá não gostou de perder. Por isso, disse que não queria mais brincar e foi embora.

Logo depois, encontrou Smilingüido e começou a falar mal do brinquedo de Pildas.

— Acho que não é certo o que você está fazendo, Piriá — disse Smilingüido. — Por que você não conversa com o Pildas em vez de ficar falando mal do aviãozinho dele?

Piriá, vendo que estava errado, foi atrás de Pildas para fazer as pazes. Pildas ficou tão feliz, que resolveu dar o aviãozinho de presente para o amigo. (RB)

Quando você perde uma competição, como reage? Conforme o versículo de hoje, como devemos agir com nossos colegas vencedores?

Dia 06

A torta deliciosa

"Que cada um procure os interesses dos outros e não somente os seus próprios interesses." Filipenses 2.4

— Humm... Que cheiro bom! Até parece... Torta de gabiri! — disse Forfo.

— É torta de gabiri sim! — disse a cozinheira. — Eu fiz para você e seus colegas comerem na hora do lanche! Você pode me fazer o favor de levá-la para a escola?

— Claro! Mas... Eu não posso pegar só um pedacinho? — perguntou Forfo.

— Não, Forfo. A torta é para todos comerem na hora do lanche. Além do mais, ela ainda está quente e dá dor de barriga. — respondeu a cozinheira, dando-lhe as costas.

Forfo ficou ali, olhando, cheirando e imaginando o gostinho da torta. E de tanto olhar, cheirar, imaginar, resolveu pegar. Pegou um pedacinho e... Pegou mais um pedacinho e... Como o apetite era enorme, pegou mais outro pedacinho. E, quando se deu conta, o que sobrou foi só um pedaço. Então, Forfo ficou chateado consigo mesmo:

— Agora meus amigos vão ficar sem lanche! Preciso dar um jeito...

Porém, de repente...

— Ai, ai, ai... — gemeu Forfo. — Bem que a cozinheira avisou...

— *Oxente*, é o Forfo! O que *tá* te *aperreando, minino?* — perguntou Pildas, que se aproximava acompanhado dos amigos.

— Ai, ai... Minha barriga dói!

— Então, vamos até o mestre Formisã. Ele faz um chazinho e já, já, a dor passa.

— É, até a hora do lanche, você já vai estar bom! — completou Smilingüido.

Naquele momento, Forfo se lembrou do motivo da dor de barriga e, envergonhado, contou-lhes o que aconteceu, pedindo perdão aos amigos.

— Está bem! Mas... E agora? Vamos ficar sem lanche? — perguntou Piriá impaciente.

— Tive uma ideia: nós mesmos vamos fazer uma deliciosa torta! — disse Faniquita.

Portanto, todos foram colher gabiris; inclusive Forfo. Depois de também se desculpar com a cozinheira, Forfo ficou tão alegre pelo perdão que recebeu, que até não se lembrou mais da dor de barriga. (CMW)

O que Forfo poderia ter feito para não cair na tentação de comer a torta? O que você faria?

Muito obrigado

Dia 07

"E sejam agradecidos a Deus em todas as ocasiões..." 1 Tessalonicenses 5.18a

— Ei, Pildas! O que você está fazendo aí? A turma está chamando pra brincarmos de pique-esconde!

— *Oxente, minino* Forfo! *Tô* com dois problemas! Esse carrinho de que eu tanto gostava quebrou em vários pedaços...

— Não fique assim, Pildas! Tem outros brinquedos legais... — Disse Forfo.

— *Si minino,* mas é o meu carrinho preferido! Vai dar a maior dor de cabeça pra arrumar! — lamentou Pildas.

— Está bem, Pildas! Mas você falou de dois problemas... — Forfo continuou.

— É mesmo! O outro é que não consigo entender o que o mestre Formisã ensinou sobre ser agradecido em tudo. De que jeito agradecer se o meu melhor brinquedo *tá* quebrado?

— Ah, Pildas! É difícil agradecer pelo brinquedo quebrado, mas você pode agradecer por ser criativo! — explicou Forfo.

— *Oxente!* Não entendi nada! O que uma coisa tem a ver com outra? — Pildas perguntou.

— Não conheço ninguém que conserte brinquedos como você! E por isso você pode agradecer ao Senhor Criador. Foi ele que fez você assim! — Forfo respondeu.

— Deixa disso, *minino!* Esse negócio é complicado de arrumar. Pensando bem... Se eu tivesse alguns gravetos de eucalipto... Seiva... Cipó, eu acho que...

— Isso! Eu vou ajudá-lo a procurar esse material — disse Forfo.

— Você não ia brincar de pique-esconde com os outros? — Pildas perguntou.

— Sem problema. Outra hora eu brinco com eles. Agora vou ajudar você.

— É! Tenho que agradecer ao Senhor Criador também, por ter amigos como você. (JF)

Você está agradecido a Deus? Que tal agradecer por:
- *algo que aconteceu hoje?*
- *por uma qualidade que Deus deu a você?*
- *por um amigo?*

Dia 08

Por favor

"As palavras bondosas nos dão vida nova..." Provérbios 15.4a

Forfo e Flau estão passeando, e Pildas passa com uma cesta cheia de amoras suculentas.

— Pildas, me dá duas amoras! Vamos, anda... — Pede Flau.

— *Oxente*, menina! Desse jeito não vou dar, não! — responde Pildas.

— Por que não? Sua cesta está cheia! — diz Flau.

— Está bem; vou dar uma amora, mas você precisa ser mais educada. Uma pra você, outra para o Forfo.

— Muito obrigado, Pildas! — Forfo agradece.

— Disponha, amigão. — responde Pildas, indo embora.

Os dois continuam a passear e veem mestre Formisã com livros novos.

— Livros novos! Que legal! Mestre, me dá um livro desses? — Flau pede.

— Claro, Flau! Mas você não está esquecendo algo? — pergunta o mestre.

Flau começa a olhar para ver se não perdeu alguma coisa. Ela não estava entendendo.

— Mestre, por favor, me empresta um livro? — pede Forfo.

— Claro, Forfo, pode pegar. Isso mesmo: é bom pedir com boas maneiras.

— Boas maneiras? O que é isso? — Flau pergunta.

— São maneiras que mostram nosso respeito pelos outros — explica Formisã.

— É, Flau, você deve pedir por favor, agradecer, pedir licença e ser gentil com os outros. O Criador se alegra com isso. E todas as formigas também! — diz Forfo.

— Ah... Então é isso! Obrigada, Forfo, por me ensinar a ter boas maneiras. Mestre, me empresta um livro, por favor! (MM)

Você demonstra boas maneiras quando ganha um presente e diz: "_____"; quando pede um favor e diz:" _____ ".

Aprendendo com o erro

Dia 09

"... Se você (...) se lembrar ali de que o seu irmão tem alguma queixa contra você, (...) vá logo fazer as pazes com seu irmão." Mateus 5.23-24

Pildas e Faniquita são muito amigos. Eles gostam de brincar juntos e passear na Floresdeira. Um dia, porém, aconteceu algo estranho. Quando terminou a aula do mestre Formisã, Faniquita saiu toda contente e foi à procura do amigo. Ela queria mostrar para Pildas a redação que tinha escrito. No entanto, quando Fani encontrou o amigo e perguntou se ele queria ler sua redação, Pildas respondeu que a leria depois, porque precisava fazer outras coisas.

Quando Pildas foi embora, Faniquita começou a pensar: "Por que será que ele não me deu atenção? Ele nem quis ler o que eu escrevi! Será que ele não é mais meu amigo?"

Muitas dúvidas passaram pela cabeça de Fani. A formiguinha achava que Pildas deveria ter-lhe dado mais atenção. Assim, triste e brava ao mesmo tempo, Faniquita começou a se queixar de Pildas para os outros em vez de conversar com o amigo primeiro e tirar aquelas dúvidas.

No final do dia, quando Faniquita já estava em sua toca, Pildas foi até lá para lhe dar um presente. Era um lindo buquê de flores coloridas. Ele lhe contou que tinha passado a tarde inteira na Floresdeira preparando essa surpresa para a amiga! Por isso, estava com tanta pressa e não falou com ela antes.

Emocionada, Faniquita se arrependeu do que tinha falado dele e aproveitou para pedir desculpas ao amigo. Ela percebeu que era errado falar mal de alguém; principalmente de um amigo tão querido. Assim, a pequena Faniquita descobriu que Pildas continuava a ser seu melhor amigo! (RB)

Quando um amigo faz algo de que você não gosta, o que é certo fazer?
Falar mal dele ou ir conversar com ele?

Dia 10

Amar até quem não conhecemos?

"Façam aos outros o que querem que eles façam a vocês..."
Mateus 7.12a

— Puxa, Smi, pegamos tantas gabiris que vamos poder comer o dia inteiro! — brincou Piriá.

Quando estavam voltando ao formigueiro, Smilingüido e Piriá viram um cupim muito velho, pobre e com os pés machucados de tanto caminhar.

— O senhor quer ajuda? — Smilingüido perguntou.

— Sabe, formiguinha, agora mesmo eu estava orando ao Senhor Criador para que ele mandasse alguém vir me ajudar. Eu me chamo Topim. Estou vindo de muito longe para visitar meus parentes e me perdi — respondeu o cupim.

Mais que depressa, Smilingüido entregou-lhe algumas das gabiris que ele e Piriá tinham colhido e ofereceu as suas botinhas, pois tinha outro par em casa.

— Ei, Smi! Não é assim, não! Tu vais dar nossas gabiris pra ele? — perguntou Piriá.

— Piriáá... É só a minha parte, está bem?! — disse Smilingüido entre os dentes.

E, depois de ensinar ao cupim o caminho para encontrar seus parentes, Smilingüido e Piriá se despediram do viajante.

— Estou feliz pelo que aconteceu — Smilingüido falou.

— Feliz? Já é quase noite, e tu deste todas as tuas gabiris para alguém que nem conhecemos!

— Pois é, Piriá. Sabia que assim fazemos o Senhor Criador ficar contente? O Livro da Vida diz que devemos amar aos outros tanto quanto amamos a nós mesmos.

— É, estava esquecendo disso. Pensando bem, tu fizeste o que é certo, ajudando o senhor Topim. Por isso, vamos dividir as gabiris que restaram, está bem? Amanhã podemos pegar mais gabiris. (TSC)

*Dê um exemplo de como podemos demonstrar amor por alguém que não conhecemos.
Peça a ajuda da mamãe para fazê-lo.*

Hoje é dia de...

Dia 11

"Não deixem de fazer o bem..." Hebreus 13.16a

A hora da instrução havia começado. Formisã mostrou um calendário.

— Vocês sabem para que serve um calendário? — perguntou.

— O calendário serve pra sabermos que dia é hoje, mestre! — disse Forfo.

— Muito bem, Forfo. Com o calendário sabemos em que dia, mês e ano estamos. Há datas especiais no calendário como feriados, Páscoa, Natal...

— Tu sabes que eu gosto muito de um feriadinho, não sabes? — disse Piriá.

— Muita gente gosta de feriados, Piriá. Hoje faremos um calendário criando novas datas especiais. Cada um de vocês inventará o que quiser colocar no calendário. Por exemplo, dia 2 de março: dia do passeio. Depois que todos terminarem, colocaremos as datas em nosso calendário.

Um tempo depois, Formisã chamou a turma para montar o novo calendário.

— Vinte de abril: dia de fazer uma exploração pela Floresdeira, mas só pra meninos! — disse Piriá provocando as meninas.

— Dez de dezembro: um dia de só comer gabiris — propôs Forfo, faminto.

— Trinta de janeiro: dia de dar flores à rainha — sugeriu Faniquita entusiasmada.

— Vinte e quatro de agosto: dia de só cantar para o Senhor Criador! — Pildas falou.

— Cinco de abril: dia de fazer o bem! — disse Smilingüido.

— Muito bem. Agora que todos fixaram suas datas no calendário, podemos observar que uma das sugestões serve para todos os dias. Sabem qual é? — perguntou o mestre.

— Acho a minha ideia boa, mas a do Smi pode ser feita todos os dias!

— Concordo, Fani. O calendário ficará aqui para não esquecermos as datas que vocês criaram, mas vamos lembrar que todo dia é dia de fazer o bem. — disse Formisã.

— E podemos começar hoje mesmo, não é, mestre? — Smilingüido completou. (JH)

Que data especial você gostaria de inventar?
Por que o "dia de fazer o bem" é válido para todos os dias?

Dia 12

A águia

"... Mas os que confiam no Deus Eterno recebem sempre novas forças. Voam nas alturas como águias..." Isaías 40.31

Piriá correu para mostrar ao Formisã o pássaro que havia desenhado.

— Parabéns, Piriá! É muito bonito! Parece uma águia.

— Uma águia? Deve ser coincidência. Nunca vi uma águia. O senhor já? — perguntou Piriá.

— Só nos livros, porque não existem águias por aqui — disse o mestre.

— Deve ser um pássaro bem grande, não é, mestre? — perguntou Piriá.

— Sim! É grande, forte e voa perto das nuvens — respondeu Formisã.

— Que interessante! Se voa tão alto, então deve ter asas enormes!

— E tem mesmo! Inclusive, o Criador cita no Livro da Vida que se confiarmos nele, voaremos como águias — Formisã comentou.

— E o que o Criador quis dizer com isso já que não temos asas? — perguntou Piriá.

— Quis dizer que, se confiarmos nele de verdade, veremos tudo o que ele pode fazer por nós. Para ele nada é impossível!

— Ah! Entendi. Se confiarmos no Criador, iremos longe! — concluiu Piriá.

— Isso mesmo! Você entendeu rápido! — elogiou o mestre.

— Não só entendi, como irei confiar mais no Criador! — Piriá animou-se.

— Que maravilha, Piriá! — disse Formisã. — Por causa de um desenho, você aprendeu uma lição especial. Sugiro que prenda esse desenho de águia na parede do seu quarto. Assim, toda vez que você olhar para ele, irá lembrar-se das palavras do Criador.

— Que ideia legal! Vou fazer isso agora mesmo! — disse Piriá animado.

Piriá agradeceu ao mestre e nunca mais esqueceu a lição da águia. (NA)

Você confia em Deus? Acredita que para ele nada é impossível?
Por que você é comparado a uma águia?

Bom de bola

Dia 13

"... Deus é contra os orgulhosos, mas ajuda os humildes." Tiago 4.6

O jogo de futebol já havia começado. E Smilingüido e seus amigos corriam atrás da bola.

— Vamos lá, Forfo! — gritou Piriá. — Deixa de ser molenga e chuta logo!

— Não sou molenga! E não chuto pra você! — disse Forfo, magoado.

— Se não sabes jogar, guri, pra que jogas então? — criticou Piriá.

— Pare com isso, Piriá! Não trate o Forfo dessa maneira! — defendeu Smilingüido.

— Ah! Vocês são uns pernas-de-pau. Não sabem jogar! — gabou-se Piriá.

— Não é bem assim, não. Também sabemos jogar! — disse Smilingüido.

— Mas não tão bem como eu! — insistiu Piriá.

— Oxente! Então, já que é o bonzão, vamos deixá-lo jogando sozinho... — falou Pildas, retirando-se com os outros amigos para lanchar.

— Posso lanchar também? — perguntou Piriá, sem graça, minutos depois.

— Pode — falou Smilingüido ainda magoado.

Mestre Formisã estava por perto e viu tudo.

— Algum problema entre vocês? — ele perguntou.

— Ele me xingou de molenga e disse que só ele sabe jogar bola — respondeu Forfo.

— Sugiro que se desculpe, Piriá. Afinal, isso não é verdade...

— Sim, mas é que eles não estavam jogando direito — justificou-se Piriá.

— Não importa. Em nenhuma situação podemos tratar os outros assim, como se fossem menos que nós. O Criador não gosta disso — ensinou o mestre.

— Sei disso — Piriá disse. Quando estava sozinho, andei pensando e vi que fui meio metido mesmo. Desculpem-me amigos. Não vou mais fazer isso.

— Assim é que se fala, Piriá! — o mestre elogiou.

A turma aceitou as desculpas e todos voltaram para o futebol. (NA)

Leia novamente o versículo de hoje. O que é ser orgulhoso? Nesta história, quando Piriá foi orgulhoso e quando ele foi humilde?

Dia 14

Faniquita e as flores da rainha

"Não devemos (...) ter ciúmes uns dos outros." Gálatas 5.26

Ontem, Faniquita passou o dia todo com a rainha Formosa. As duas passearam pelo formigueiro e conversaram muito. Foi maravilhoso! Por isso, a pequena Faniquita acordou pensando em levar um presente bem bonito para a rainha.

"O que eu poderia dar pra rainha Formosa?" pensou. "Já sei! A rainha gosta muito de flores! Tive uma ideia: vou colher uma flor bem bonita e levar pra ela."

Assim, Faniquita se arrumou toda, escolheu seu laço mais bonito e colheu uma flor bem perfumada para a rainha.

"Será que ela vai gostar?" pensou. "É uma flor tão comum... Pena que não achei nada diferente!"

Quando a pequena Faniquita viu a rainha, ficou tão feliz que correu ao seu encontro. Porém, parece que a Flau chegou primeiro. Faniquita não acreditou! Além de estar conversando com a rainha Formosa, a Flau tinha levado uma cesta cheia de flores para ela! Eram flores lindas e coloridas! Faniquita ficou com muita inveja. Afinal, onde a Flau poderia ter encontrado flores tão maravilhosas? A rainha, entretanto, percebeu o que estava acontecendo.

— Olá, Faniquita! — disse a rainha Formosa. — Aonde você vai com essa flor tão linda?

— Linda?! É uma flor comum, rainha!

— Você tem razão, Fani. É comum, mas não deixa de ser linda e perfumada. Era a flor que faltava nesta cesta! Agora, ela vai ficar completa!

Então, Faniquita percebeu que era bobagem ter inveja das flores da Flau. Afinal, a rainha podia guardar e curtir todas elas. (RB)

O que poderia ter acontecido se Faniquita continuasse invejando as flores da Flau? Como você pode "espantar" a inveja?

Muitos legumes

Dia 15

"... Dê-nos somente legumes para comer e água para beber." Daniel 1.12b

— Hora do lanche! — disse mestre Formisã, chamando a turminha.

Todos estavam com muita fome. Forfo devorou três frutas. Talento e Tolero comiam lentamente; no entanto, não deixaram sobrar nada dos grãos que comiam. Todos estavam se alimentando muito bem; apenas Pildas estava em um canto, sem ter comido nada. O mestre achou aquilo estranho e foi falar com ele:

— Pildas, percebi que ainda nem sequer pegou em seu lanche!

— Ééeé... Sabe o que é, mestre? Não estou com fome hoje, não!

— Não está com fome *hoje*? Eu notei que há alguns dias você não tem lanchado direito, Pildas. O que está acontecendo?

— *Oxente*, como o senhor percebeu, mestre? Faz um tempinho que eu não lancho mesmo. É porque acabou minha farinha de rosca.

— Mas, Pildas, você não precisa comer apenas farinha de rosca. Há muitos grãos, sementes, frutas e legumes que você pode comer — argumentou o mestre.

— É que eu só gosto de farinha de rosca, mestre! É delícia demais!

— Pildas, nem sempre podemos comer apenas aquilo de que gostamos. Precisamos de outros alimentos que nos deixarão fortes e sábios, assim como Daniel e seus amigos, cuja história está descrita no Livro da Vida. Eles tomavam água e comiam muitos legumes. E sabe o que aconteceu?

— Sei não, mestre! — respondeu Pildas, curioso para saber o final da história.

— Eles eram mais sadios e mais fortes do que os outros jovens. Por isso, é importante alimentar-se adequadamente, comendo mais frutas e legumes!

— Tudo bem, mestre! — disse Pildas e mordeu uma gabiri suculenta. — Humm, esta fruta é docinha, docinha! Quase tão gostosa quanto minha farinha de rosca! (JH)

Qual é sua comida preferida?
Que tipo de comida é mais saudável? Por quê?

Dia 16

A distração de Piriá

"... Perdoem os outros, e Deus perdoará vocês." Lucas 6.37b

Mais um dia de trabalho, e os pequenos estão ajudando as formigas adultas a carregar sementes para o depósito do formigueiro. Forfo, Smilingüido e Piriá também estão trabalhando.

De repente, Piriá tropeça e acaba pisando no pé do Forfo.

— Ei, Piriá! Olha pra frente! — reclama Forfo.

— Desculpa, guri! Eu estava distraído. Tu me perdoas? — pergunta Piriá.

Forfo diz que sim e os dois continuam o trabalho. Depois de uns minutos, Piriá vira a cabeça para tossir e esbarra no Forfo, que derruba suas sementes.

— De novo, Piriá? — resmunga Forfo.

— Desculpa, Forfo. Não vi que tu estavas tão perto. Tu me perdoas?

Novamente Forfo diz que sim e os dois voltam a trabalhar. Quando já estão quase chegando ao depósito, Piriá escorrega e cai em cima do Forfo.

— Não acredito, Piriá! Você já pisou no meu pé, bateu nas minhas costas e, agora, cai em cima de mim?!

— Desculpa, Forfo. Tu me perdoas? — perguntou Piriá pela terceira vez.

— Quantas vezes vou ter que perdoar você, Piriá?! — pergunta Forfo.

Então, Smilingüido para o trabalho e diz:

— Você tem que perdoar muitas vezes, Forfo, assim como o Senhor Criador nos perdoa quando erramos. Além do mais, ele não fez de propósito, não é?

Forfo pensa um pouco e diz, sorrindo:

— Tudo bem. Eu perdoo você, Piriá. Mas da próxima vez...

— Ops! — interrompeu-o Smilingüido.

— Da próxima vez, eu lhe perdoo também! — Forfo brincou. (RB)

Em sua Bíblia, leia Mateus 18.21 e 22. Jesus nos ensina a perdoar quantas vezes?

Forfo pede socorro

Dia 17

"... Pois é o Eterno, o nosso Deus, quem irá com vocês. Ele não os deixará nem abandonará." Deuteronômio 31.6

Era um dia bonito, e as formigamigas resolveram brincar de esconde-esconde. Estava na vez de Pildas procurar, e todos foram encontrar um esconderijo. Smilingüido e Piriá se esconderam atrás de um cogumelo enquanto Faniquita subiu em um galho.

Forfo decidiu se esconder embaixo de uma folha seca. No entanto, ele não sabia que debaixo daquela folha tinha um enorme buraco e por isso, quando foi se esconder, acabou caindo dentro dele.

Como ninguém escutou nada, a brincadeira continuou. Pildas procurava os amigos. Encontrou Smilingüido, Faniquita e Piriá. Só faltava achar o Forfo.

— Oxente! Onde será que esse *minino* se meteu? — perguntou Pildas.

— Acho que ele ficou com fome e voltou para o formigueiro — disse Faniquita.

Assim, todos acharam que Forfo tinha desistido de brincar e foram embora.

Entretanto, Forfo ficou sozinho naquele buraco escuro. Por mais que gritasse, ninguém o escutava. Foi aí que se lembrou do Senhor Criador. Forfo sabia que o Senhor o amava e que não iria deixá-lo ali. Então olhou para cima e pediu:

— Por favor, Senhor Criador, me tire daqui! Meus amigos não podem me ouvir, mas sei que o Senhor me ama e que está me escutando.

Assim que terminou de falar, Forfo escutou um barulho estranho e percebeu que havia algum inseto por perto. Ele gritou por socorro e logo escutou a voz da Zelda, uma abelha amiga da turminha. Forfo estava salvo! O Senhor Criador o amava tanto que mandou alguém para ajudá-lo! (RB)

Quem providenciou para que a abelha Zelda passasse perto do buraco bem na hora em que Forfo estava lá dentro?

Dia 18

Um momento especial

"Eu amo ao Deus Eterno porque ele me ouve e escuta as minhas orações." Salmo 116.1

Já é hora dos pequeninos dormirem e Faniquita se despede de Flau.

— Não vejo a hora de deitar e dormir... — comenta Faniquita.

— Puxa... Nunca vi você tão desanimada! O que aconteceu? — pergunta Flau.

— Estou cansada... Passei o dia inteiro ajudando a rainha Formosa. Nunca imaginei que uma rainha trabalhasse tanto!

Então Faniquita conta para a amiga tudo o que ela e a rainha fizeram durante o dia. Primeiro Formosa chamou os ministros para uma reunião, e Faniquita ajudou-a fazendo algumas anotações. Depois a rainha resolveu dar uma volta pelo formigueiro para conversar com as formigas que moram longe, e Faniquita também foi junto. Após a longa caminhada, a rainha ainda teve tempo de ir até a cozinha e ao depósito para agradecer às operárias pelo bom trabalho desempenhado.

"Agora, é hora de fechar os olhos e dormir" Faniquita pensa.

Porém, nesse momento, Faniquita é chamada pela rainha Formosa, que a espera na toca da pequenina. Então, Flau vai embora e a pequena entra.

— Ei, Fani! O dia ainda não acabou, querida! Falta o principal! — diz a rainha.

Então, sorrindo, Formosa explica para a formiguinha que o momento mais especial do dia é a hora de conversar com o Senhor Criador. Por isso, as duas não podem dormir sem antes agradecer a ele por tudo, mesmo estando cansadas e com sono. Nada é melhor do que reservar uns minutinhos para falar com o Criador, nosso melhor amigo. Afinal ele gosta de escutar tudo o que temos a dizer.

Assim, Faniquita e a rainha fazem uma oração ao Senhor Criador de todo o coração. Até o desânimo de Faniquita desaparece! Agora ela está pronta para dormir e acordar disposta para um novo dia! Falar com o Criador lhe dá força e alegria. (RB)

Pense naquilo que foi importante para você nesse dia. Que tal contar a Deus em oração? Ele sempre ouve você.

Que bom poder contar!

"... Peço que sejam feitas orações, pedidos, súplicas e ações de graças a Deus por todos." 1 Timóteo 2.1

Dia 19

Pildas estava sentado, cabisbaixo. Smilingüido foi se aproximando e percebeu que o amigo não estava bem:

— O que houve, Pildas? Por que você está assim? — ele perguntou.

— Ah, Smi, tive uma conversa com o mestre que não foi nada boa.

— Como assim, Pildas?

— É que tenho deixado muito de fazer as tarefas de casa, e o mestre veio falar comigo, *bichim*. Disse que a minha nota vai ficar bem baixa se eu não melhorar com as tarefas.

— Ah, então é só melhorar daqui pra frente! — sugeriu Smilingüido.

— É, *si minino*, sei que preciso melhorar, mas acabo me distraindo com outras coisas e vou deixando pra lá... Quando vejo, já não dá mais tempo, e eu fico sem fazer a tarefa. Não tem jeito. Vou acabar ficando com nota baixa mesmo.

— Pildas, tenho uma ideia: eu também nem sempre gosto de fazer as tarefas de casa... Então, a gente podia fazer juntos. Você me ajuda a lembrar e depois a fazê-la. E eu faço o mesmo com você. Assim um ajuda o outro.

— E se os dois esquecerem? — perguntou Pildas ainda desanimado.

— Bem, acho difícil isso acontecer. Mas, se acontecer, nós dois vamos perder... — disse Smilingüido, pensando mais um pouco.

— Sabe o que podemos fazer também? Podemos pedir para o Criador não nos deixar esquecer as tarefas de casa. Tenho certeza de que Ele quer ajudar a gente nisso.

— É... *Taí*, pode ser... Ajudando um ao outro e ainda contando com o Senhor Criador, tenho chance de melhorar minha nota! — disse Pildas, mais encorajado.

E juntos, ali mesmo, Smilingüido e Pildas oraram ao Senhor Criador. (ST)

Tem algo importante que você deve fazer, mas não gosta? Que tal pedir a Deus que ele lhe dê ânimo para esse dever?

Dia 20

Crash!

"Quem tenta esconder os seus pecados não terá sucesso na vida, mas Deus tem misericórdia de quem confessa os seus pecados e os abandona." Provérbios 28.13

"Oxente, que coisa terrível sô! Se a rainha me pega..." pensa Pildas enquanto junta os cacos do porta-retrato, colocando-os em seu bornal.

Bem nessa hora a rainha entra na sala e cumprimenta Pildas.

— Boa tarde, majestade! — responde ele enquanto se vira pra ir embora.

— Espera, Pildas! Você viu por aqui um porta-retrato? — indagou Formosa.

— Ah, sim, é que o Taploft pegou o porta-retrato emprestado, mas ele vai devolver logo! — respondeu Pildas todo atrapalhado.

— Estranho... Taploft não foi visitar uns parentes? — perguntou a rainha.

— É... Sim... É que... Ele acabou levando. Bem, vou brincar. Licença, rainha.

Pildas sai, mas se sente culpado. Ele se lembra de uma aula sobre o Livro da Vida: "Quem tenta esconder os seus pecados não terá sucesso na vida, mas Deus tem misericórdia de quem confessa os seus pecados e os abandona..."

— *Oxente*, Senhor Criador, sei que errei; mas tenho medo de levar um castigo. Ajude-me a fazer o que é certo! — Pildas ora e volta para contar a verdade.

— Desculpa, majestade... Na verdade, eu quebrei o porta-retrato, mas tive medo de assumir. Me desculpa!

— Eu já sabia de tudo, Pildas. Taploft voltou da viagem e... Ora, tudo bem, o importante é que você assumiu o seu erro. Mas por que você quis contar tudo agora?

— Porque sei que o Criador gosta quando falamos a verdade. Eu menti, não me senti bem e ainda prejudiquei um amigo. A verdade tira um peso da gente...

— Muito bem, Pildas. Agora só falta fazer mais uma coisa, não é mesmo?

— Pedir perdão para o Taploft, não é? É pra já! — Pildas conclui e corre para falar com o amigo e se desculpar. (LL)

Você já tentou esconder um erro com mentiras? O que aconteceu? Por que contar a verdade é sempre melhor?

Um pouco de exagero

Dia 21

"Não mintam uns aos outros, pois vocês já abandonaram a natureza velha com os seus costumes..." Colossenses 3.9

Forfo, Piriá e Smilingüido se encontraram na hora da instrução.

— E aí? Como foi o passeio no riacho ontem? — perguntou Forfo aos amigos.

— Ah, tu perdeste, Forfo! Eu e o Smilingüido nos divertimos muito! — disse Piriá.

— É, Forfo, da próxima vez, você vai com a gente — Smilingüido acrescentou.

— Já era bem de noite quando nós voltamos! — disse Piriá.

— Não foi bem assim, Piriá. Voltamos antes de anoitecer, porque é a ordem da rainha — Smilingüido o corrigiu.

— É, mas já estava escurecendo... — Emendou Piriá. — E tu precisas ver a altura da pedra de onde pulamos. Devia ter uns setenta milímetros! — continuou.

— Piriáá... Você não acha que setenta milímetros é exagero, não? Aquela pedra tinha, no máximo, uns trinta milímetros de altura — Smilingüido consertou.

— Ah, Smi, tu não entendes nada de medidas! — retrucou Piriá.

Mestre Formisã chamou Forfo em sua mesa, e ele deixou os amigos.

— Eu, hein, Smi... Tu remendas tudo o que eu falo! — reclamou Piriá.

— Piriá, não estou remendando o que você fala. É que você estava exagerando muito e não estava falando a verdade. E eu não gosto de mentiras; nem o Criador! — Smilingüido falou e continuou fazendo a tarefa de sala.

Piriá pensou um pouco no que Smilingüido falou e viu que realmente tinha aumentado ao contar sobre o passeio. Depois de um tempo, ele se virou para Smilingüido e disse:

— Tu tens razão, Smi. Acho que acabei exagerando com o Forfo, né?

— Tudo bem, Piriá! Depois você conta melhor pra ele o que aconteceu.

Piriá então aproveitou para pedir perdão ao Senhor Criador por não ter falado a verdade para o amigo. (ST)

Piriá falou a verdade ou mentiu para o Forfo? Existe "meia verdade"?

Dia 22

Viva o Rei do formigueiro!

"Alguns, porém, o receberam e creram nele, e ele lhes deu o direito de se tornarem filhos de Deus." João 1.12

Que alvoroço era aquele? Havia um movimento maior no formigueiro. Era a rainha Formosa chegando. O que será que havia acontecido para a rainha estar tão ofegante e feliz? Todas as formigas se juntaram para ouvir bem de pertinho.

— Queridas formigamigas: decidi vir aqui para passar o dia e fazer as tarefas comuns do formigueiro. Quero fazer parte do dia de vocês!

— Mas, rainha Formosa, nós não podemos aceitar isso. A rainha é tão linda, tão maravilhosa... Como ficaria com a gente, colhendo alimentos e limpando o formigueiro? — perguntou Faniquita.

— Fani, gostaria muito de fazer essas coisas. Hoje, quero viver e fazer tudo o que vocês fazem.

Todos ficaram admirados com a decisão da rainha Formosa e, como ela estava disposta a cumprir o que tinha falado, aceitaram sua sugestão.

No fim do dia, a rainha Formosa chamou todos novamente e disse:

— Queridas formigamigas, quero agradecer por esses momentos inesquecíveis. Mas o que eu queria que vocês aprendessem com esse dia e se lembrassem para sempre é que, em outros tempos, um Rei também veio ao mundo para ajudar as pessoas. Viveu, se entregou por elas e, ainda hoje, está esperando que cada um o convide para viver em suas vidas. Esse Rei é Jesus Cristo, o Filho do Senhor Criador! Sou uma simples rainha, mas Ele é um Rei que vive para sempre.

Naquele dia, todos entenderam o grande amor de Jesus e lhe agradeceram por ter vindo ao mundo. Eles o convidaram para morar em seus corações todos os dias. Assim, o formigueiro poderia ficar sempre em festa. Viva o Rei dos reis! (CS)

Conforme o versículo de hoje, quem pode ser considerado filho de Deus? Você já convidou Jesus para morar em seu coração assim como fizeram as formigamigas?

Ao nosso alcance

Dia 23

"... Que cada um use o seu próprio dom para o bem dos outros." 1 Pedro 4.10b

Faniquita passeava pela Floresdeira usando um lacinho novo em folha que a Saula lhe dera de presente. De repente, veio um vento muito forte que levou o lacinho para bem longe, cada vez mais longe e mais alto, até enroscá-lo num galho de árvore que... Puxa! Mal dava para ver.

— Ah, logo esse lacinho. A Saula me deu com tanto carinho... — Faniquita lamentou.

Mas sua amiga Bela, a abelha, vinha passando por ali e notou a tristeza de Faniquita.

— Que cara é essa, Fani? — perguntou Bela.

— Olhe só... — disse Faniquita, apontando para o laço no galho alto da árvore. E não conseguiu dizer mais nada, porque começou a chorar.

Bela também não disse nada. Voou tão rápido em direção ao galho que, antes da Faniquita perceber o que tinha acontecido, a abelhinha já estava de volta com o laço.

— Puxa, deve ser legal a gente voar assim — ela disse admirada.

— Mestre Formisã disse que cada um de nós recebeu um presente do Senhor Criador e pode reparti-lo com os outros. O que você não consegue, talvez eu consiga. E vice-versa. Tudo porque o Senhor Criador nos fez amigas e, com essa amizade, nós nos completamos. Aliás, acho que você está atrasada pra aula de hoje. Suba! Vou lhe dar uma carona. (HF)

Diga algo que você faz muito bem.
Diga algo que sua mãe (ou seu pai) faz muito bem.
Como um pode ajudar o outro?

Dia 24

Quem vai ajudar o mestre Formisã?

"Deus (...) não é um ser humano, que muda de ideia. (...) Ele diz que faz e faz mesmo." Números 23.19

Certo dia, mestre Formisã teve a ideia de plantar algumas sementes ao redor do formigueiro e resolveu pedir a ajuda dos pequenos. Então, viu Piriá por perto e perguntou se ele poderia ir até a Floresdeira para procurar algumas sementinhas. Piriá pediu desculpas ao mestre e disse que estava cansado demais.

Foi aí que Forfo apareceu, e mestre Formisã perguntou se ele poderia ir até a Floresdeira para pegar as sementes. Na mesma hora, Forfo respondeu que sim. Porém, no meio do caminho, encontrou um suculento pedaço de amora e desistiu de continuar. Sentou-se perto de uma árvore para comer a fruta, esquecendo-se completamente das sementes.

Enquanto Forfo comia, Piriá pensou melhor e decidiu ir até a Floresdeira fazer o que o mestre havia pedido. Andou bastante e escolheu as melhores sementes. Depois correu para o formigueiro e levou-as para Formisã, que ficou muito feliz.

— Obrigado, Piriá! — disse Formisã. — Parece que você encontrou ótimas sementes. Estou orgulhoso de você! Você disse que estava cansado, mas mudou de ideia. Só não sei onde está o Forfo, porque ele disse que iria me ajudar, mas não voltou até agora...

— Vi o Forfo lá na Floresdeira, comendo um pedaço de amora — comentou Piriá.

— Ah... Agora entendi! Então, mãos à obra! Não adianta nada só falar e não fazer, não é mesmo? Vamos plantar essas sementinhas! — disse Formisã. (RB)

Quem fez o certo? Piriá ou Forfo?
É melhor não falar do que falar e não _____.

Luvinhas sujas

Dia 25

"O Deus Eterno vê o que acontece em toda parte..." Provérbios 15.3a

Formisã havia colhido amoras para o formigueiro. Como eram muitas, pediu para Piriá cuidar delas enquanto buscava ajuda para carregá-las.

— Já volto. Não as coma, pois ainda precisam ser lavadas! — disse Formisã.

Passados alguns minutos, o estômago de Piriá começou a roncar. Estava na hora do almoço. Olhou para as amoras e não resistiu: comeu uma, pois achava que o mestre não iria notar. Entretanto, ao pegar a fruta, manchou as luvinhas.

"E agora?" pensou ele. Porém não dava tempo de fazer nada, pois o mestre já estava voltando.

— Obrigado, Piriá! As ajudantes já vêm. Mas o que houve com suas luvas?

— Não é nada, não, mestre! Sujei na Floresdeira, brincando com o Forfo...

— Quando saí, elas não estavam sujas. Você comeu amoras, não é, Piriá?

Envergonhado, Piriá balançou a cabeça, dizendo que sim.

— E você ia esconder isso de mim? — perguntou Formisã.

— Se minhas luvas não tivessem manchadas, eu bem que teria conseguido.

— É... De mim você teria escondido. Porém, do Senhor Criador não. Isso porque ele tudo sabe e tudo vê, e, assim como suas luvas ficaram manchadas, o nosso coração também fica sujo quando fazemos coisas erradas.

— Mas, mestre. Estou arrependido. O senhor me perdoa?

— Eu lhe perdoo, Piriá. Agora, você deve pedir perdão ao Criador também e se esforçar para não errar mais. Fazendo assim, o seu coração vai ficar limpinho.

— Está bem. Vou fazer isso agora mesmo: *Senhor Criador, me perdoa pelo que fiz de errado! Eu te peço, em nome do teu Filho. Amém.* (MM)

De quem você não pode esconder seus erros? O que Deus faz quando você confessa seus erros e pede perdão?

Dia 26

Ajudar e ser ajudado

"Quem não gosta de estar na companhia dos outros só está interessado em si mesmo e rejeita todos os bons conselhos." Provérbios 18.1

Pildas quis fazer uma surpresa para o mestre e arrumar a sala de livros.

— Oi, Pildas! Você está arrumando a sala? Posso ajudar? — se ofereceu Smilingüido.

— Não, *si minino!* Não precisa não! Logo, logo, tudo vai estar arrumado!

Smilingüido saiu desapontado da sala, pois gosta de ajudar os amigos.

Era dia de molhar as plantas também, e Pildas, sem perder tempo, foi correndo pegar água para regá-las. Só que trabalhar sozinho exige muito esforço. Pildas já estava cansado e mesmo assim, quando as formigas jardineiras chegaram para ajudar...

— Não precisa, não! Já estou terminando... — ele foi logo falando.

Mas as jardineiras perceberam o cansaço de Pildas e resolveram fazer o trabalho, pois esse é o serviço delas. Pildas ficou emburrado.

Mais tarde, decidiu fazer um lanche e começou a pegar os ingredientes.

— Ai, que difícil achar e pegar comida nessa cozinha... Não acho o açúcar...

— Posso ajudar você, Pildas? — perguntou a cozinheira.

— Não é preciso, *bichim*... Posso fazer sozinho...

Naquele momento, Pildas escorregou de uma das prateleiras e deixou cair o pote inteiro de açúcar. Fez uma grande bagunça! E ele ficou muito envergonhado.

— Pildas, todos nós precisamos de ajuda. Não existe nenhum problema em aceitá-la. Ao contrário, é muito bom poder ajudar e ser ajudado.

— Ah, Dona Cozinheira... Sinto muito pela bagunça... Quero ajudar a limpar!

— Claro, querido!

Pildas percebeu que ninguém consegue viver e fazer as coisas sem a ajuda de outros. Afinal, o Criador nos cerca de amigos para nos ajudarem e cuidarem de nós. (JF)

O que você fez hoje com a ajuda de outros? O que poderia ter sido mais fácil se alguém tivesse ajudado você?

Taploft no berçário

Dia 27

"Ó Deus Eterno, tu tens feito tantas coisas e com sabedoria as fizeste. A terra está cheia das tuas criaturas." Salmos 104.24

Piriá, Smilingüido e Faniquita fizeram a tarefa que o mestre Formisã havia pedido. Entretanto, Taploft, que fazia parte da equipe, não apareceu.

— Onde será que está o Taploft? Ele que é o bom nos estudos! — falou Piriá.

— Talvez tenha esquecido ou ficado doente... — disse Faniquita.

— Não sei... Mas que tal a gente dar uma passeada por aí pra ver se o encontramos? — sugeriu Smilingüido.

— Boa ideia! — concordaram os outros.

Pediram informações para as formigas que cuidavam do alimento, mas elas nada sabiam de Taploft. Com o mestre Formisã, ele também não estava. Olharam por todo o formigueiro e foram encontrar Taploft no berçário das formigas.

— Taploft... O que você está fazendo aqui? — perguntaram os amigos.

— Eu vim aqui para pesquisar. Pedi permissão às formigas que cuidam do berçário. Assim, consegui observar e pensar sobre o que estamos estudando: a vida!

— E nos deixou fazendo a tarefa sozinhos, hein, Taploft!? — disse Piriá.

— Desculpem, eu estava tão concentrado que nem vi o tempo passar! Mas sabe o que concluí? Os cientistas têm feito muitas descobertas; no entanto, nada se compara com as maravilhas que o Criador faz. Somente ele pode criar a vida!

Depois de mais algumas explicações sobre a pesquisa, Taploft se despediu e disse que precisava ler mais sobre o assunto em seu quarto.

— É, existem muitas coisas sobre a vida que ainda não sabemos. Mas uma coisa é certa: o Criador é muito criativo em fazer uma formiga como o Taploft! — comentou Piriá, sorrindo.

— Como o Piriá, como a Faniquita, como eu... — completou Smilingüido. (CS)

Os cientistas já descobriram muitas coisas, mas o que eles não podem criar ou copiar? Apenas quem pode fazê-lo?

Dia 28
O que vou ser quando crescer?

"Quem trabalha tem com o que viver, mas quem só conversa passará necessidade." Provérbios 14.23

O mestre estava ensinando às Formigamigas sobre as profissões:
— Agora, cada um vai dizer que profissão quer ter quando crescer.
— Eu quero ser estilista! — disse Flau. — Desenhar "modelitos" liiindos!
— Eu quero ser ministro da Ordem, Boas Intenções e Progresso! — disse Taploft.
— Quero ser inventor! — Pildas falou entusiasmado.
— Eu? Uma rainha grande e bonita! — Faniquita respondeu com charme.
— Serei o mais popular do formigueiro! — explicou Piriá.
— Eu quero ser músico! — falou Smilingüido.
— E eu serei cozinheiro! — disse Forfo.
Algumas formigas riram da escolha de Forfo.
— Cozinheiro? Ficar cheirando comida... — comentou Flau.
— *Minino* Forfo, isso não é coisa de menina? — perguntou Pildas.
Forfo então ficou triste, e o mestre Formisã interrompeu a discussão.
— Todo trabalho honesto agrada ao Criador, pois pelo trabalho é que conseguimos nosso alimento e muitas outras coisas de que necessitamos. Temos profissões diferentes porque somos diferentes uns dos outros.
— Então posso ser cozinheiro, mestre? — perguntou Forfo.
— Claro que sim, Forfo! Você pode ser e fazer o que quiser se o Criador permitir. Só não se esqueçam de uma coisa... — disse Formisã.
— Do quê? — todos perguntaram.
— O mais importante é agradar ao Criador sendo um trabalhador honesto e dedicado. (MM)

O que você quer ser quando crescer? Peça ajuda a seus pais para listar algumas qualidades importantes em qualquer profissão e que agradam a Deus.

O bom de cada um

Dia 29

"... Encham as suas mentes com tudo o que é bom e merece elogios..." Filipenses 4.8a

A turminha estava brincando de mãe-pega. Todos corriam com muita pressa, fugindo do Piriá. Ele era muito rápido! Isso era um problema bem sério; pelo menos para Talento e Tolero.

— Peguei vocês! — gritou Piriá. — Juntos ainda! Podem ficar naquela parede.

Depois, foi a vez do Forfo ser pego pelo Piriá. Faniquita, Smilingüido e Pildas vieram logo em seguida.

— Agora vamos trocar — falou Faniquita. — Quem quer ser a mãe?

— Eu! — responderam ao mesmo tempo Talento e Tolero.

— Vocês????? — ninguém entendeu nada. Eles corriam tão devagar...

— Bem, podem até deixá-los juntos, que vai ser fácil fugir deles — Piriá falou.

Após alguns minutos de brincadeira, Piriá não agüentou mais.

— Talento e Tolero, será que não dá pra vocês serem mais rápidos? A brincadeira não tem a menor graça desse jeito. Já cansei dela! Vocês correm muito devagar!

Os dois irmãos olharam um para o outro e abaixaram a cabeça tristes.

— Piriáá... — Smilingüido cutucou o amigo.

— Ei, gente! Por que não brincamos de estátua? O Tal e o Tol serão campeões! — Fani tentou amenizar.

— É verdade... E, nessa brincadeira, sou o primeiro a perder — concordou Piriá depois de refletir um pouco. — Desculpem, amigos! Vocês realmente perdem no "mãe-pega", mas são campeões em ficar parados! E sabe o que mais? São ótimos amigos! — disse Piriá, abraçando o Talento e o Tolero, que voltaram a sorrir. (AF)

O que você faz mais vezes: critica ou elogia os amigos? Pense em uma coisa boa em seu melhor amigo. Que tal dizer-lhe isso quando se encontrarem novamente?

Dia 30

Vejam o que achei!

"... Odeiem o mal e sigam o que é bom." Romanos 12.9b

A turma brincava de esconde-esconde e era a vez do Forfo procurar. Todos já estavam bem escondidos quando Forfo viu algo muito legal:

— Ei, pessoal! Venham ver o que eu achei!

No início, todos ficaram desconfiados, mas como ele insistiu muito...

— Agora fiquei curioso — disse Pildas, saindo do esconderijo.

— Olhem... Uma cabana lá no alto daquela folha!

— E não tem ninguém lá... — disse Piriá já subindo pelo caule.

— Ai, que legal! Eu também quero subir! Me ajuda aqui, Forfo — disse Faniquita.

Assim, Forfo ajudou Faniquita; depois, o Smilingüido; em seguida, o Pildas e, por último, a Flau. Entretanto, quando Forfo quis subir, todos já estavam lá na cabana fazendo a maior festa. Por isso, nem perceberam que ele não tinha como subir. Forfo até que tentou, mas não conseguiu sozinho. Então, triste, voltou ao formigueiro.

— Está na hora! Vamos! Amanhã voltamos! — sugeriu Smilingüido mais tarde.

No caminho para o formigueiro, Pildas lembrou de repente:

— Cadê o Forfo? Ih, esquecemos dele...

Todos se sentiram culpados por terem esquecido o amigo. Quando foram procurá-lo, ele já estava dormindo. Portanto, no dia seguinte, logo cedo, se reuniram para lhe fazer uma surpresa.

"Onde estão todos?" pensou Forfo ao acordar e não ver ninguém.

Logo os amigos vieram chamá-lo para ir à cabana. Forfo não queria muito, mas foi. E ficou surpreso ao ver uma escada de galhos que os amigos fizeram para ele. Todos o abraçaram, pediram perdão e, juntos, brincaram na cabana, que passou a se chamar "Clube da Amizade". (IW)

O que os amigos de Forfo fizeram quando perceberam que o tinham magoado?
O que você faz quando magoa um amigo?

Uma corrida

Dia 31

"Continuem firmes na oração e fiquem alertas quando oram..."
Colossenses 4.2a

Quando acabou a hora da instrução, mestre Formisã, como sempre, perguntou se alguém tinha alguma dúvida.

Flau, rapidinho, ergueu a mão e perguntou:

— Por que devemos orar sempre e não só quando temos algum problema?

Mestre Formisã pensou um pouco antes de responder e disse:

— Você se lembra daquelas formigas que correm vários folímetros no menor tempo possível, competindo entre si?

— Sim, as que participam das corridas olímpicas, não é? — Flau respondeu.

— Isso mesmo, Flau! E você sabe quanto tempo elas treinam para conseguir chegar na frente dos outros?

— Huuummm... Não sei, mestre!

— Pois bem. Então vou lhe dizer: algumas treinam meses e até anos para estar preparadas para uma corrida dessas. E ainda têm de se alimentar muito bem! — respondeu Formisã.

Flau prestou muita atenção, mas não conseguiu entender por que ele falava de corridas se a pergunta dela tinha sido sobre oração! Aí o mestre continuou:

— A nossa vida pode ser comparada a tudo isso: os treinos diários podem representar a oração e a boa alimentação pode ser a leitura do Livro da Vida. Além disso, a corrida pode ser a hora de enfrentarmos alguma situação difícil.

— Assim, podemos estar preparados pra essa corrida sem perder o fôlego; digo, a fé — completou Smilingüido.

— Muito obrigada, mestre! Agora, entendi: orar sempre nos ajuda a ficarmos bem fortes! — concluiu Flau. (CVW)

É mais fácil vencer uma corrida depois de treinar bastante. Assim, também é mais fácil passar por um problema se você estiver "ligado" em Deus pela o_____.

Dia 32

Banquete na Floresdeira

"Ele (Deus) julga a favor dos que são explorados e dá comida aos que têm fome." Salmo 146.7

A rainha Formosa é muito conhecida por causa de sua bondade. A cada inverno, a estação mais fria do ano, ela separa grandes quantidades de alimentos e sai pela Floresdeira para distribuí-los aos que não têm muito o que comer. Afinal, as formigas possuem um grande estoque de comida para o frio!

Hoje, por exemplo, Formosa quer fazer uma grande festa para os moradores da região. Para isso, pede ajuda às formigas operárias e cozinheiras. A rainha quer que as operárias carreguem as enormes cestas de comida preparadas pelas caprichosas cozinheiras do formigueiro.

Assim, quando a rainha e as operárias chegam à Floresdeira, a notícia logo se espalha, e muitos moradores aparecem para receber alimentos. Então, Formosa organiza uma fila e cada um espera sua vez. Porém, um grande besouro marrom parece não ter vontade de esperar. Por isso, aproveita seu tamanho para assustar a primeira ocupante da fila — uma joaninha pequena e fraca — e conseguir o primeiro lugar. Com medo, a pobre joaninha vai para o fim da fila.

Entretanto, a rainha Formosa percebe o que há de errado. E, antes de começar a distribuir os alimentos, decide fazer justiça. Formosa vai até o fim da fila e chama a fraca joaninha de volta para o primeiro lugar. Depois, a rainha corajosa conversa com o grande besouro marrom. Ela mostra a ele que não é certo passar na frente de ninguém e lhe diz que, se quiser receber alimento, terá de ir para o fim da fila e esperar a sua vez.

O besouro percebe, então, que não adianta fazer o que é errado para tentar ser o primeiro. Quem quiser ser sempre o primeiro — mesmo fazendo o que não é certo — poderá acabar sendo o último. (RB)

O que é justiça? O que acontece com quem tenta fazer as coisas do jeito errado?

Fazer o melhor sempre

Dia 33

"Trabalhem com prazer, como se estivessem servindo ao Senhor e não às pessoas." Efésios 6.7

Naquele dia, as formiguinhas estavam ajudando os adultos a colher gabiris. Mestre Formisã e a rainha Formosa observavam tudo atentamente. Então Piriá, que estava meio desanimado, pensou: "Ah, hoje não vou me esforçar muito! Ninguém repara no meu trabalho mesmo! Além do mais, tenho uma boa desculpa se de repente alguém falar alguma coisa".

E não é que o Formisã reparou nele?

— Vamos lá, Piriá! Não estou reconhecendo você! — disse o mestre com uma voz serena e firme.

— Pois é, mestre. Eu não estou legal hoje; estou com sono, e a minha barriguinha...

— Tudo bem, Piriá. Vá até a enfermaria e veja o que pode ser feito por você.

Piriá foi e voltou logo mais animado do que nunca.

Os amigos notaram a diferença, e o Smilingüido perguntou:

— O que aconteceu, Piriá? Que remédio você tomou? Está até parecendo outra formiga!

Então Piriá explicou que na enfermaria tinha um cartaz em que estava escrito algo assim: " Faça tudo para honra e glória do Criador..." E como ele não entendeu o que aquilo significava, perguntou para Dona formiga-enfermeira. Ela lhe explicou que, quando estava cansada ou desanimada, lia aquela frase e lembrava que tudo o que fazia deveria ser feito como se fosse para o Criador.

— Naquela hora, Smi, eu me arrependi da minha má vontade de trabalhar e orei com a enfermeira, pedindo perdão ao Senhor Criador! E sabe que nem precisei tomar nenhum remédio? — concluiu Piriá. (CVW)

Quando Deus criou você, fez o melhor.
Que tal pedir para Deus ajudar você a também fazer o melhor sempre?

Dia 34

Forfo quer correr

"Se continuarmos a suportar o sofrimento, também reinaremos com Cristo." 2 Timóteo 2.12a

As férias estão terminando e a rainha Formosa está organizando uma corrida. Afinal, as formiguinhas adoram competições! A rainha dará uma folha dourada para os três primeiros colocados. A turma está animada e começa a treinar. Mas Forfo está com medo de não conseguir completar a corrida.

— Acho que não vou chegar até o fim, pessoal! Estou muito gordinho e não vou aguentar correr — choraminga ele.

Então, os amigos decidem ajudá-lo:

— Temos uma ideia, Forfo — diz Smilingüido. — Podemos prepará-lo para a corrida!

— É isso mesmo! — continua Pildas. — Vamos ajudá-lo a emagrecer um pouco.

— É, Forfinho! É só deixar de comer doces e treinar! — comenta Faniquita.

Forfo fica feliz com a ideia dos amigos; porém sabe que não vai ser fácil.

Assim, no mesmo dia ele começa a treinar com os amigos. Entretanto, só consegue correr até a metade do caminho. No dia seguinte, Forfo treina novamente e já consegue ir mais longe. Após duas semanas, quase chega até o final! Feliz, ele decide comer um pedacinho de maçã; porém, logo se lembra de que não pode comer doces se quiser emagrecer e ser mais rápido. Por isso, Forfo se esforça e prefere comer folhas. Afinal, o dia da corrida está próximo!

Enfim as formiguinhas estão prontas para a corrida. A rainha já está na Floresdeira com as folhas douradas. A corrida começa. Forfo faz o melhor para correr com rapidez. Smilingüido, Pildas e Piriá saem na frente e acabam chegando nos primeiros lugares. Apesar de não ganhar a folha dourada, Forfo consegue ir até o final. O treino deu certo! Valeu a pena todo o esforço! Forfo está feliz, pois percebe que nada é impossível: nem deixar de comer suas frutinhas preferidas. Basta perseverar e contar com a ajuda do Senhor Criador e de amigos queridos. (RB)

Por que vale a pena se esforçar e não desistir de algo difícil? Para quem você pode pedir ajuda?

Que raiva!

"O ódio provoca brigas, mas o amor perdoa todas as ofensas."
Provérbios 10.12

Dia 35

— Aaahhh!! Que raiva! É a milésima vez que arrumo este laço na minha cabeça e vêm vocês, Talento e Tolero, esbarram em mim e me deixam assim toda descabelada! E não venham me dizer que é bobagem, pois eu não gosto de ficar desarrumada! — diz Faniquita irritada.

— Que é isso, Fani? Sei que pra você isso é muito ruim, mas você precisa ser mais paciente. Sem falar que, brava desse jeito, quem vai sofrer é você! — diz Smilingüido.

Faniquita sai e fica pensando sozinha:

"Ai, como o Smi é bobo! Imagina se eu vou sofrer por causa da raiva que estou sentindo daqueles dois..."

Entretanto, depois de pensar mais um pouco:

" Não é que estou sentindo uma dorzinha no meu coração? Uma tristezinha, um aperto... Acho que não é bom mesmo ficar com essa brabeza! Quer saber? O Talento e o Tolero são tão legais... E também não custa arrumar meu laço de novo, né? Parece que agora estou até mais leve! Vou me divertir!"

E no caminho, olha quem ela encontra:

— Oi, Talento! Oi, Tolero! Quero que saibam que eu não estou mais brava com vocês. Perdoem-me por ter ficado tão irritada. Gosto muito de vocês. Quando quiserem brincar, me chamem, tá?

— Nossa! A Fani é tão legal, né?

— É, legal! (TSC)

Quais são as desvantagens de ficar bravo e com raiva do amigo? É melhor seguir o exemplo da Faniquita. O que ela fez?

Dia 36

As botinhas de Pildas

"O Senhor é a força do seu povo..." Salmo 28.8

Pildas gosta de apostar corrida com os amigos. Ele sempre inventa novas competições. Ontem mesmo Pildas apostou corrida com Piriá, que também adora correr, e conseguiu chegar em primeiro lugar. Ele ficou muito feliz, porque nunca tinha ganhado do Piriá. Por isso, assim que soube da novidade, Saula, uma formiga sauvita, amiga do Smilingüido, convidou Pildas para correr na Floresdeira. É claro que Pildas logo aceitou, porque tinha certeza de que ganharia de Saula.

— Ei, Pildas! Como você sabe que vai ganhar? A Saula corre muito bem! — comentou Forfo.

— *Oxente!* É fácil! Ontem usei botas novas pra correr com o Piriá e ganhei a corrida. Elas me deram sorte, *num* sabe? Agora vou usar as mesmas botinhas — respondeu Pildas.

Pobre Pildas! Ele acha que ganhou a corrida por causa das botas novas! Smilingüido, Forfo e Faniquita resolveram mostrar para o amigo que ele não precisava das botinhas. Afinal, botas não dão sorte para ninguém! Pildas só precisa mesmo de força e da força do Senhor Criador!

Por isso, antes da corrida, Smilingüido foi até a toca de Pildas, pegou as botas novas sem ele saber e, para Pildas não perceber, colocou botinhas iguais no lugar.

Na hora da corrida, Pildas calçou as botas, pensando que iria ganhar por causa delas. A corrida foi rápida, porque Pildas chegou fácil em primeiro lugar.

— Viram só? As botinhas novas me deram sorte de novo! — comentou ele.

Foi aí que Smilingüido contou sobre a troca das botas e Pildas viu que não estava usando as botas novas. Assim ele percebeu que não precisava das botas para ganhar uma corrida, mas precisava sempre da força do Senhor Criador! (RB)

Nada acontece por acaso.
Quem está no controle de tudo o que acontece em sua vida?

Imitando...

Dia 37

"Vocês são filhos queridos de Deus e por isso precisam ser como ele." Efésios 5.1

Piriá às vezes é muito engraçado. É por isso que naquele dia a turminha ria muito quando o mestre Formisã passou perto de onde eles estavam brincando. Ele resolveu dar uma espiadinha para ver o que estava acontecendo.

— Oh, meus amigos, eu serei uma grande rainha quando crescer! — dizia Piriá, imitando a Faniquita com voz bem aguda.

— E vocês, *oxente*? Não viram meu bornalzinho por aí? — dessa vez, Piriá falava igual ao Pildas.

Depois de imitar o Smilingüido e o Forfo, ficou parado e quieto por um bom tempo. Todos ficaram preocupados.

— Piriá, Piriá! — chamou Faniquita, sacundind-o. Acorda! O que aconteceu?

— Calma, gente! — respondeu ele rindo. — Estava imitando o Talento e o Tolero!

Todos riram muito. Foi aí que o mestre Formisã resolveu entrar na conversa:

— Olá, pequenos! Como vão?

— Olá, mestre Formisã! — responderam todos juntos.

— Tenho uma boa ideia para vocês! — começou ele. — Existe uma pessoa muito especial que todos vocês podem imitar à vontade.

— Uma pessoa especial pra imitar? Quem, mestre? — perguntou Faniquita.

— A resposta está na lição de hoje. O verso bíblico que fala sobre sermos imitadores do Senhor Criador — respondeu o mestre Formisã. — Com certeza, vocês vão aprender muitas coisas boas imitando o Senhor Criador.

Todos gostaram da ideia do mestre Formisã. Imagine você: imitar as coisas boas que o Senhor Criador faz pelas pessoas. Isso, sem dúvida, é maravilhoso! (AF)

Você é um imitador de Deus?
Quais são as coisas boas que Deus faz e podemos imitar?

Dia 38

Como é que eu vou saber?

"... Toda a Escritura Sagrada é inspirada por Deus e útil para (...) ensinar a maneira certa de viver." 2 Timóteo 3.16

Lá estava Pildas, sozinho, sentado à sombra de um arbusto com o olhar de quem está muito pensativo.

— O que houve, Pildas? — Smilingüido estranhou ver o amigo daquele jeito.

— Ah, Smi, estou aqui, matutando...

— Matutando?

— É, *bichim*, pensando. Vendo se consigo entender direitinho essa história de pecado.

— Você não sabe o que é pecado? — Smilingüido se assustou com aquela conversa.

— Não é isso. Que pecado é fazer o que o Senhor Criador não gosta, isso eu sei, mas... — deu um suspiro. — Como é que vou saber direito o que ele gosta?

Aquela era uma pergunta complicada. Melhor ir falar com o mestre Formisã. E foi exatamente isso o que os dois amigos fizeram.

Explicada a questão, ficaram esperando a resposta.

— Bem, pequenos... — Formisã começou. — O Senhor Criador nos deu o Livro da Vida para nos ensinar o que é certo e o que é errado, ou seja, o que ele gosta e o que ele não gosta que façamos. Então...

— Mas o que está *caramiolando* na minha cabeça é o seguinte: está escrito no Livro da Vida que é pecado não fazer o dever de casa? — interrompeu Pildas.

Formisã sorriu.

— No Livro da Vida está escrito que devemos obedecer aos mais velhos, não é? Então, não fazer o dever de casa, desobedecendo ao professor...

— É pecado! — Smilingüido e Pildas responderam juntos.

— *Oxente*, mestre, agora entendi. Obrigadinho! (SP)

Onde está escrito o que Deus gosta ou não gosta que façamos?

Bolhas e coceiras

Dia 39

"... Não se esqueça de quanto Ele (Deus) é bom." Salmo 103.2b

Forfo estava imaginando como seria viver num outro formigueiro. Lá teria outros amigos, talvez poderia comer o que quisesse e dormir até tarde. Daí adormeceu. Mas naquela noite ele não dormiu bem. De manhã acordou com a cabeça doendo e muita coceira no corpo. Nem queria levantar. Então, Faniquita perguntou:

— O que você tem, Forfo? E essas bolhas no seu rosto? Você está doente?

— Bolhas? Que bolhas? Não estou me sentindo nada bem. Será que é grave? — indagou Forfo, preocupado.

Faniquita pôs a mão na testa de Forfo, assim como via a rainha fazer, e disse:

— É, parece que você está com febre. Vou chamar o mestre Formisã!

Não demorou muito e mestre Formisã apareceu. Ele examinou as bolhas, que agora estavam espalhadas pelo corpo todo, e afirmou:

— Isso é formipora, Forfo! Nada grave. Tente não coçar. Logo vai melhorar.

O mestre preparou uma loção de ervas e passou em Forfo. Fani trouxe um suco de gabiri. À tarde, Smilingüido, Piriá e Pildas fizeram-lhe uma visita. Conversaram, contaram histórias e fizeram brincadeiras. Assim, ajudaram Forfo a passar o tempo. Então ele percebeu o quanto seus amigos se preocupavam com ele e lhe queriam bem. Na noite seguinte, Forfo orou assim:

— Querido Senhor Criador, eu lhe agradeço por cuidar de mim. Não quero viver num outro formigueiro, porque gosto de morar aqui. Também gosto dos meus amigos e agradeço por eles. Amém!

Naquele momento, mesmo doente, Forfo sentiu-se feliz por viver no formigueiro das formigamigas. (MS)

Você gosta de viver em sua casa, com sua família?
Vamos agradecer a Deus por ela?

Dia 40

Mancha de bolo

"Lavem-se e purifiquem-se! (...) Parem de fazer o que é mau..." Isaías 1.16

Quando a rainha Formosa chamou a turma para uma reunião fora de hora, todos ficaram curiosos para saber o que ela tinha a dizer.

— Eu convidei vocês aqui porque gostaria de saber quem comeu um pedaço do bolo que fiz hoje pela manhã sem a minha autorização! — disse a rainha.

Ninguém se mexeu para assumir o erro. Enquanto isso, a rainha olhava para cada um atentamente. Depois de um tempinho, a rainha deixou todos saírem e pediu apenas para a Faniquita ficar.

— Faniquita, foi você quem comeu o bolo? — perguntou a rainha.

Faniquita ficou sem palavras e começou a soluçar, descontrolada. Depois ela disse:

— Eu não queria fazer aquilo, mas o cheirinho estava tão gostoso que não resisti. Como a senhora descobriu? — perguntou Faniquita, já enxugando as lágrimas.

— Ora, Fani querida, você está com uma manchinha bem aqui na sua luvinha direita, está vendo? — explicou a rainha, apontando para a mão da Faniquita.

— Puxa, rainha! A senhora tem olhos muito bons, hein? — admirou-se Faniquita.

— É, Fani. Assim também é com o Senhor Criador. Ele vê até mesmo as menores manchinhas no coração, aquelas causadas pelas coisas erradas que fazemos e que pensamos que ninguém viu ou sabe! E então? Vamos tirar essa manchinha de hoje?

— Sim, rainha. Já estou arrependida e vou conversar com o Senhor Criador. E chega de outras manchinhas, certo?

— Muito bem, Faniquita, mas eu estava falando da mancha da luvinha! As duas riram juntas e foram lavar as luvas da Faniquita. (CVW)

> Você já fez algo errado, escondido de seus pais? Que tal pedir perdão por isso agora? Assim, Deus tira a manchinha do seu coração.

O dia em que Flau se deu mal

"Parem de julgar pela aparência..." João 7.24a

Dia 41

As formigamigas estão agitadas, pois, daqui a algumas horas a rainha Formosa planeja fazer um banquete para homenagear o mestre Formisã. Ela preparou uma festa muito especial e por isso pediu para todos se arrumarem muito bem e levarem seus instrumentos para fazer uma grande cantoria.

Porém, enquanto cada um se arruma, a vaidosa Flau já está prontinha, vestindo botinhas e fitas novas. A pequena mal consegue esperar pela festa de tanta ansiedade. Por isso resolve dar um passeio pela Floresdeira para ver se o tempo passa logo. Assim que sai do formigueiro, Flau avista uma linda flor: grande, alta, colorida e perfumada.

" Por que não subir até lá e me perfumar toda com aquele pózinho amarelo?" pensa a pequena.

Decidida, Flau encontra um fio de teia de aranha e começa a escalar a planta. Chegando ao topo, a formiguinha não pensa duas vezes: mergulha no pólen e começa a se esfregar. Já perfumada, resolve voltar ao formigueiro. Porém, no meio do caminho, começa a sentir coceiras pelo corpo todo.

Chegando à festa, vai correndo à procura do homenageado. Logo o mestre examina as bolinhas vermelhas no corpo de Flau e prepara um bom chá para ela, que o bebe de um só gole! Então Formisã lhe explica que nem todas as flores bonitas são boas. Aquela flor que ela havia tocado, por exemplo, era, na verdade, venenosa. Desde esse dia Flau toma cuidado com seus banhos de pólen em flores desconhecidas. Afinal, as aparências podem enganar! (RB)

Nem tudo o que parece ser bom realmente o é. Você pode dar um exemplo?

Dia 42

Corrida de sacos

"Ao contrário, pela sua própria vontade, abandonou tudo o que tinha..." Filipenses 2.7

Foi dada a largada para mais uma corrida de sacos nas Formigolimpíadas. Todos se esforçavam para vencer, pois o prêmio seria almoçar com a rainha.

No final da corrida, Piriá e Pildas estavam lado a lado, só que Pildas tentou dar um pulo grande e caiu. Piriá ganhou a prova.

Feliz da vida, Piriá não notou que Pildas ficou num cantinho, chorando. De repente percebeu o que estava acontecendo e que Pildas estava triste por ter perdido a corrida para a qual ele tinha se preparado tanto.

Quando chegou a hora do almoço, Piriá pediu para falar com a rainha:

— Rainha, vim pedir que o Pildas almoce com a senhora no meu lugar.

— Como assim? Você não quer o prêmio, Piriá? — Formosa perguntou.

— Quero muito, mas vi como o Pildas ficou decepcionado por perder a corrida, então queria que ele almoçasse no meu lugar.

— Ora, Piriá, que grande coração você tem! Isso me fez lembrar do Filho do Criador quando ele decidiu deixar seu lugar ao lado do Pai, lá no céu, o melhor lugar que poderia existir! — falou a rainha emocionada.

— Como assim, rainha? Não estou entendendo! — Piriá perguntou surpreso.

— Você também está dando seu lugar para o Pildas! Isso é uma prova de amor como o Criador nos ensinou a fazer. Vamos fazer o seguinte: diga ao Pildas que venha aqui. Vamos almoçar nós três juntos! Está bem assim?

A rainha notou um brilho nos olhos do Piriá, que saiu pulando de alegria:

— Sim, rainha, já estou indo!

Assim eles almoçaram juntos e, com a ajuda de Piriá, a decepção de Pildas foi ficando para trás. (CVW)

Qual é a maior prova do amor de Jesus por você?

Que preguiça!

"Quem é preguiçoso e dorminhoco acabará passando fome."
Provérbios 19.15

Dia 43

Numa manhã, na escola...

— Bom dia, pequenos! — diz o mestre. — Vamos dar início a mais um dia importante para aprendermos coisas novas. Estão todos aí?

— O Forfo ainda não chegou, mestre! — responde Piriá.

— Ele logo deve chegar — fala o mestre, perguntando a si mesmo por que o Forfo tem se atrasado tanto ultimamente. — Bem, vamos começar! — ele continua.

Quase no meio da manhã, Forfo chega.

— Oi, turma! — cumprimenta Forfo.

— Olá, Forfo! Mas o que aconteceu para você se atrasar novamente? — pergunta o mestre.

— Ehh... Bem, mestre, é que na verdade tem sido difícil levantar. Está frio e a minha cama é tão quentinha, tão gostosa, que é difícil sair dela — diz Forfo, tímido.

— Forfo, todos nós entendemos você, principalmente porque tem feito muito frio. Porém não podemos deixar de cumprir com as nossas obrigações por causa disso! — explica o mestre. — Sabe como se chama isso, Forfo? Preguiça!

— É, Forfo, o Senhor Criador não gosta dos preguiçosos! — diz Faniquita.

— Não é que ele não gosta dos preguiçosos. Ele não gosta da preguiça! Por causa da preguiça, deixamos de fazer coisas importantes, perdemos oportunidades... E o Senhor Criador nos deu o dia para que o aproveitemos bem — explica Formisã.

— Está certo, mestre! Eu não sabia que a preguiça pode fazer tudo isso! Vou tentar dormir mais cedo pra não me atrasar, mesmo com esse friozinho — conclui Forfo. (DMS)

Você sente preguiça às vezes?
Que coisas você já deixou de fazer por causa da preguiça?

Dia 44

A rainha fica doente

"Se alguém está doente, (...) façam oração (...) em nome do Senhor." Tiago 5.14

Os pequenos chegam à escola para mais um dia de aula.
— Bom dia, meus pupilos! — diz o mestre.
— Bom dia, mestre Formisã! — respondem os pequenos.
— Mestre, ouvi dizer que a rainha está doente. É verdade? — pergunta Piriá.
— A rainha está doente? E agora? Temos que visitá-la! Conheço um chazinho que cura qualquer mal-estar! — diz Faniquita, preocupada.
— É... Aquela receita com plantas que tomei quando estava doente — continua Pildas.
— Tenham calma, pequenos! A rainha não passou bem ontem, mas já está sendo cuidada pelas formigas-enfermeiras. E podem ficar tranquilos, porque antes de tudo o Senhor Criador está cuidando dela.
— É mesmo, mestre o Senhor Criador pode curar os doentes. E eu também já fui atendido por uma formiga-enfermeira e ela cuidou de mim direitinho! — diz Smilingüido.
— Ninguém pode cuidar melhor de nós do que o Criador. E ele prepara outros para nos ajudarem quando estamos doentes também! — diz o mestre.
— Já sei! Então vamos orar pra que o Criador cure a rainha e ajude as formigas-enfermeiras a cuidarem dela da forma certinha. Assim ela vai ficar boa logo! — sugeriu Smilingüido.
— Está bem, mas e a visita? Isso nós podemos fazer, não é? — pergunta Faniquita.
— Assim que acabar a aula podemos visitar a rainha, levar nosso carinho e até uma lembrancinha para ela. E desde já vamos agradecer porque o Criador tem cuidado de nós todos, doentes ou sadios! — conclui o mestre. (DMS)

Você conhece alguém que está doente? Que tal orar por essa pessoa e também agradecer pelos que estão sadios?

A vitória vem do Senhor!

"O Deus Eterno me salvou dos leões e dos ursos e me salvará também desse filisteu." 1 Samuel 17.37a

Dia 45

Smilingüido acorda cedo para ajudar na cozinha. Então vê o Piriá...

— Olá, Piriá... O que você está fazendo tão cedo, todo suado, com essa botinha de ginástica?

— Decidi fazer 50 exercícios todos os dias — fala Piriá, ofegante.

— Mas Piriá, por que resolveu fazer tanto exercício? — pergunta Smilingüido.

— Sabe o que é, Smilingüido? Ouvi o mestre Formisã falando que Davi, aquele da história do Livro da Vida, era um menino ainda quando cuidava das ovelhas. Mas era muito forte e conseguia defendê-las dos animais ferozes. Por isso não foi difícil ele derrotar o gigante Golias! — explica Piriá, interrompendo os exercícios.

— Piriá, você acha que pode ser um pastor de ovelhas?

— Não, Smi. Claro que não... Mas quero estar preparado pra qualquer Golias e ser um herói muito valente. Então preciso me exercitar, criar músculos...

— Mas você não está esquecendo de alguma coisa da história não, Piriá?

— É mesmo, Smi! São as cinco pedras e o estilingue. Preciso treinar tiro ao alvo!

— Não, Piriá, não é isso. É que quem deu a vitória a Davi foi o Criador. Davi lutou sendo ajudado pelo Senhor. Ele mesmo não tinha forças pra fazer nada sozinho — explica Smilingüido.

— É, tu tens razão; me esqueci disso. Preciso pedir força a ele! — diz Piriá.

— Na verdade, mais importante do que força é aprender a ser obediente ao Criador como Davi foi — completa Smilingüido.

— Ih... Estou vendo que preciso treinar muita coisa ainda pra ser como Davi, hein, Smi? É... Talvez, antes de tudo, eu deva me exercitar em conversar mais com o Senhor Criador! Acho que vou fazer isso agora! (CS)

Na Bíblia você pode ver a história do valente Davi contra o gigante Golias, no livro de 1 Samuel, capítulo 17, versículos 1 a 51.

Dia 46

Regras e mais regras

"Felizes os que guardam os mandamentos de Deus e lhe obedecem com todo o coração." Salmo 119.2

Piriá andava pra lá e pra cá quando Faniquita o ouviu resmungando:

— Piriá, não vá tão longe... Não ande sozinho na Floresdeira... Não chegue atrasado para a hora da instrução!

— O que foi, Piriá? — perguntou Faniquita sem entender nada.

— Regras e mais regras, Fani! Já não sei como me divertir no formigueiro!

— Não sabe como se divertir, Piriá? — perguntou Faniquita, intrigada.

— Não sei por que a rainha Formosa fez tantas regras! — reclamou Piriá.

— Piriá, olhe! É a raiiiinha... Ela está vindo! — Faniquita falou.

— Olá, pequenos. Foi bom vê-los por aqui. Estou convidando todos vocês para um passeio pela Floresdeira — disse Formosa.

— Oba, rainha! — Faniquita ficou animada e cutucou Piriá, dizendo baixinho:

— Piriá, viu como a rainha é legal? Vamos nos divertir muito na Floresdeira!

Eles se juntaram à turminha. Antes de sair, a rainha os instruiu, dizendo:

— Permaneçam sempre juntos; se algo acontecer, saberei o que fazer!

Entretanto, para Piriá o passeio estava muito chato. Por isso, ele se afastou da turma. Aliás, nem sabia mais onde ele estava. De repente viu o tamanduá se aproximando. Então correu assustado, gritando:

— Raiiiiinha! Socooooorrooooo!!!! O tamanduáááá!

A rainha depressa puxou Piriá para o esconderijo onde todos já estavam.

Piriá disse envergonhado:

— Desculpa, rainha! Não obedeci às regras e acabei ficando em perigo!

— Querido Piriá, as regras não são para puni-lo, mas para protegê-lo! Você pode se divertir muito; entretanto, obedecendo às regras, você sempre estará seguro! (JH)

Existem regras na sua casa e na sua escola? Quais? Por que é melhor obedecer a elas?

Pildas aprende a jogar xadrez

"... Mas procurem entender o que o Senhor quer que vocês façam." Efésios 5.17b

Dia 47

Pildas gosta de praticar esportes. No ano passado ele formou um time de futebol para participar das olimpíadas do formigueiro. Então Pildas e seu time treinaram muito e conseguiram o segundo lugar na competição. Neste ano, porém, eles querem ser os primeiros e por isso já começaram a treinar.

No entanto, em um dos treinos Pildas machucou o pé e precisou ser tratado pelo mestre Formisã. Por causa desse acidente ele deveria ficar de cama, podendo voltar a jogar bola só depois de duas semanas. A competição começaria em poucos dias e Pildas ficou muito triste por não poder participar. Ele não entendia por que o Senhor Criador tinha deixado aquilo acontecer.

Foi aí que Formisã teve a ideia de ensiná-lo a jogar xadrez. Afinal, Pildas conseguiria treinar sem usar os pés! E o pequeno atleta passou a gostar muito do jogo. Todo dia, quando Formisã o visitava para cuidar de seu pé, Pildas aproveitava a companhia do professor para jogar uma partida de xadrez e pedir algumas dicas.

Quando faltava apenas um dia para os jogos de futebol, Pildas ficou sabendo que também teria uma competição de xadrez e resolveu participar.

No fim das contas, o time de Pildas venceu todos os jogos e ele se deu muito bem na competição de xadrez, embora não tenha conseguido ficar em primeiro lugar. Assim, Pildas descobriu que poderia se divertir de outras maneiras e entendeu que o Senhor Criador pode transformar tudo o que nos acontece em coisas boas. (RB)

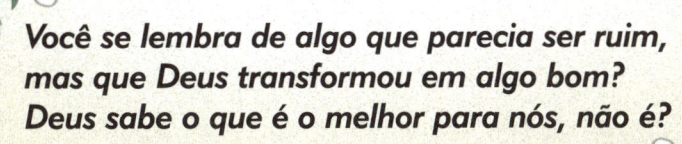

Você se lembra de algo que parecia ser ruim, mas que Deus transformou em algo bom? Deus sabe o que é o melhor para nós, não é?

Dia 48

Roubar não compensa

"Não roube." Êxodo 20.15

"Eu só peguei emprestado; não roubei! Mas bem que eu gostaria de poder pegar tudo dos outros sem perguntar" — pensou Flau, olhando para a corda de pular.

Naquela noite, Flau teve um sonho. Sonhou que não era errado roubar. Então, foi ao *flopping* e pegou tudo o que queria: brinquedos, sapatos e muitos doces. Tantos que quase não os conseguia carregar. No outro dia foi até lá novamente; entretanto, o que aconteceu? Tudo estava vazio. As outras formigas também tinham roubado. Tudo virou uma grande bagunça.

No sonho, Flau voltou ao formigueiro, pois estava com fome. Porém, as formigas sauvitas haviam assaltado o formigueiro e levado toda a comida. Embora sempre fossem amigas, agora esses roubos eram frequentes. Então Flau foi para o quarto e percebeu que seus brinquedos e seu sapato novo não estavam mais lá. Foram roubados também! Flau começou a chorar e logo acordou.

— Ufa, foi só um sonho!

Ela levantou e olhou para suas coisas, que estavam lá como sempre. Sentiu-se aliviada e foi o mais rápido possível falar com a Faniquita:

— Fani, me perdoe! Ontem, peguei sua corda de pular. Só queria pegá-la emprestado, mas agora sei que não agi bem. Nunca mais vou pegar o que não é meu sem antes pedir.

Flau também contou o sonho para Faniquita e depois perguntou:

— Você ainda é minha amiga?

— É claro, Flau! — disse Faniquita, sorrindo e dando um abraço bem apertado na amiga. (MS)

É certo pegar as coisas de um irmão ou amigo sem pedir? Leia o versículo de hoje. Quem deu a ordem: não roube?

Sem sono

"Quando me deito, durmo em paz, pois só tu, ó Deus Eterno, me fazes viver em segurança." Salmo 4.8

Dia 49

Smilingüido entra no quarto para dormir e vê que Forfo está meio estranho.
— Posso apagar a luz pra dormirmos? — pergunta Smilingüido.
— Não! — diz Forfo. — É que estou sem sono e...
— É isso mesmo, Forfo? — Smilingüido duvida.
— Bem... Na verdade, estou com medo! — confessa Forfo.
— Medo do quê?
— Estou com medo do escuro.
— Sabe, Forfo, as coisas parecem assustadoras no escuro. Parecem, mas não são! E o mestre Formisã me disse que o escuro é necessário — explica Smilingüido.
— Necessário pra quê?
— Pra dormirmos melhor.
— Por favor, Smi, vamos dormir de luz acesa. Às vezes eu tenho pesadelos...
— É, eu sei como é; eu também tinha — diz Smilingüido.
— Tinha? O que você fez pra não sentir mais medo e não ter sonhos ruins?
— Aprendi a confiar — responde Smilingüido.
— Confiar? — Forfo está curioso.
— É, confiar no que o Criador nos diz no Livro da Vida. Vou ler pra você: *"Quando vou dormir, meu coração está em perfeita paz e tenho um sono bem tranquilo, porque só tu, ó Senhor, me dás a mais perfeita segurança"*.
— Puxa! Vou tentar pegar no sono pensando nisso. Se o Criador cuida de mim até mesmo quando estou dormindo, posso ficar tranquilo! — diz Forfo, aliviado.
— Isso mesmo, Forfo! O Criador está com você e o seu amigo aqui também! — diz Smilingüido, sorrindo.
— Valeu, amigão! Boa noite! — diz Forfo enquanto Smilingüido apaga a luz.
(MM)

Que tal escrever esse versículo em um papel e deixá-lo perto da cama para ler quando você não conseguir dormir?

Dia 50

Preso pelo próprio coração

"... O amor não é ciumento..." 1 Coríntios 13.4

Era fim de tarde e fazia muito calor. Por isso Piriá resolveu procurar uma sombra para descansar. Ele não aguentava mais caminhar por aí para encontrar Smilingüido. Por onde o amigo andaria? Smilingüido não costumava fazer nada sem convidar Piriá. Afinal eles eram amigos inseparáveis!

Depois de se sentar à sombra de uma pedra, a cansada formiguinha começou a ficar preocupada se o Smilingüido estaria em perigo, preso em alguma armadilha. Porém naquele momento Smilingüido apareceu com Saula, a formiga sauvita. Os dois conversavam e riam. Foi aí que a preocupação de Piriá se transformou em raiva: "Isso não se faz com o melhor amigo!", pensou ele.

Nervoso e com o coração apertado, Piriá correu à procura do mestre Formisã e lhe contou tudo. Ele disse que o Smilingüido tinha trocado a amizade dele e preferido brincar com a Saula. Logo depois de ouvi-lo, o mestre comentou:

— Já entendi, Piriá. Você acha que foi colocado em segundo lugar e está com medo de perder o melhor amigo. Isso se chama ciúme! Parece que você ficou preso na armadilha do seu próprio coraçãozinho.

— Tu estás dizendo que estou com ciúme, mestre? Ah! Isso é coisa de guria!

— Não é bem assim! — disse Formisã, sorrindo. — Todo mundo pode sentir medo de perder alguém ou ser trocado. Mas esse sentimento não traz nada de bom.

Então Piriá percebeu que por causa do ciúme ele tinha imaginado um monte de besteiras. É claro que o Smilingüido ainda era seu melhor amigo! Porém foi tão ruim pensar em ser trocado!

Imagine como o Criador se sente quando o deixamos de lado! Ele também se entristece com a ideia de perder nossa amizade e o primeiro lugar em nossa vida! (RB)

Você já sentiu ciúme de um amigo ou de seus pais? Lembre-se de que você não vai perder seu lugar no coração deles mesmo que eles deem atenção a outros.

Seja verdadeiro

"(Deus Eterno) Sabes tudo o que faço; de longe conheces todos os meus pensamentos." Salmo 139.2

Dia 51

— O que é mais importante para o Senhor Criador: o que pensamos ou o que falamos? — perguntou Smilingüido.

— O que dizemos deve ser igual ao que pensamos, pois ele conhece nossos pensamentos e sabe se somos sinceros no que falamos — disse o mestre Formisã.

— Como seria se nós também pudéssemos ler pensamentos? — falou Faniquita.

— E qual seria nossa reação? — completou o mestre. — Se alguém o convidasse para uma festinha, mas você soubesse que ele estava pensando: *"Tomara que ele não venha!"*, você iria?

— Eu não! — respondeu Piriá. — Eu ficaria muito bravo e não iria.

— E se alguém dissesse: *"Você está linda, Fani!"*, e você soubesse que mais tarde a formiguinha iria rir de você? Você ficaria contente com o que ela disse? Ou será que isso lhe entristeceria? — perguntou mestre Formisã.

— Acho que eu iria chorar — respondeu Faniquita. — Eu ficaria muito chateada.

— Então acho que vocês entenderam, não é? — perguntou o mestre. — O Senhor Criador sabe exatamente o que somos e o que sentimos. E ele perdoa os maus pensamentos e as "mentirinhas" daquele que está arrependido.

Depois da aula, Faniquita chegou perto do Smilingüido e disse:

— Desculpe, Smi! Ontem, quando você jogou a bola em mim sem querer, falei que não fiquei brava. Mas na verdade fiquei sim; até queria xingar você!

— Está tudo bem, Fani — falou Smilingüido. — Coisas assim também já aconteceram comigo. Que bom que o Senhor Criador nos perdoa.

— E você? Já me perdoou? — insistiu Faniquita.

— Claro! — disse Smilingüido, abraçando a amiga. (MS)

E você? Como se sentiria se soubesse que alguém que está elogiando você quando, na verdade, pensa o contrário?

Dia 52

Sem preconceito

"... Nunca tratem as pessoas de modo diferente por causa da aparência delas." Tiago 2.1b

— Mestre, a Faniquita estava conversando com um gafanhoto! — diz Piriá.
— E daí? Os gafanhotos não comem formigas! — responde Faniquita.
— Mas são uns devoradores. Se não tomarmos cuidado, eles vão devorar toda a Floresdeira! — retruca Piriá.
— Exagerado! — diz Faniquita.
— É exagero mesmo, Piriá. O Criador fez todas as coisas num equilíbrio perfeito. Há comida para todas as espécies — explica o mestre.
— Ainda bem! — diz Forfo.
— Piriá tem razão: os gafanhotos são diferentes de nós — comenta Taploft.
— Eles são diferentes sim, mas fazem parte da criação. Não devemos ter preconceito contra eles — diz o mestre.
— Oxente, o que é preconceito, mestre? — pergunta Pildas.
— É quando formamos em nossa cabeça uma ideia errada sobre alguém sem nem mesmo conhecê-lo! — explica Formisã.
— Antes de conhecer a Saula, a formiga sauvita, eu tinha medo dela, pois ela é bem maior do que eu. Hoje ela é minha amiga! — comenta Faniquita.
— Eu achava os cupins muito estranhos, mas depois vi que aquela aparência diferente não atrapalha em nada a nossa amizade — conta Smilingüido.
— Quando esteve aqui na Terra, o Filho do Senhor Criador nos ensinou a aceitarmos o próximo como ele é. Da próxima vez em que você encontrar um gafanhoto, converse com ele, Piriá, para conhecê-lo melhor — aconselha o mestre.
— É, pode ser... De repente, é interessante saber como vivem os gafanhotos e por que comem tanto — comenta Piriá, sorrindo. (MM)

O que é preconceito?
Como se sente a pessoa que sofre o preconceito?

Aula de canto

Dia 53

"A ti, ó Deus, eu cantarei uma nova canção..." Salmo 144.9a

Hoje foi dia de aula de canto e toda a turminha gostou muito. Aprenderam uma nova música que falava sobre o amor do Senhor Criador.

Para Taploft, as aulas de canto são especiais. Entretanto há um problema: ele não sabe cantar muito bem e fica com vergonha de desafinar. Assim, durante a aula, cantou bem baixinho. Quase não deu para ouvir sua voz. Smilingüido e Pildas cantaram com toda a força e suas vozes se sobressaíram. Taploft até ficou com um pouquinho de inveja: "Queria muito cantar tão bem quanto eles!", pensou.

Mestre Formisã percebeu que Taploft cantou baixinho e perguntou:

— Taploft, não estou ouvindo sua voz! Você não quer cantar?

— Quero sim! Mas... Mas... Eu... Não sei cantar muito bem — respondeu Taploft meio sem jeito.

Mestre Formisã entendeu e disse:

— Você não precisa ter vergonha. Sabe, Taploft, o Senhor Criador nunca vai recusar sua cantoria ainda que ela não seja tão afinada. Para ele é importante cantar com alegria e do fundo do coração. Além do mais, estamos aqui para aprender.

O que o mestre Formisã falou deixou Taploft animado. Ele entendeu que não precisava ficar com inveja de ninguém e muito menos com vergonha. Uns cantam melhor do que os outros mesmo. Mas o Senhor Criador vai escutar e ficar feliz com a cantoria de todos; até dos menos afinados. Afinal, todos estão ali para aprender a cantar melhor para ele. Desta vez Taploft soltou a voz e cantou com toda a força, fazendo o melhor para o Senhor Criador. (MS)

Você gosta de cantar?
Segundo o que o mestre ensinou, o tipo de cantoria que Deus gosta de ouvir é aquela cantado com a _____ e do fundo do c_____.

Dia 54

A pressa de Forfo

"Ouça os conselhos e esteja pronto para aprender; assim um dia você será sábio." Provérbios 19.20

Forfo e Smilingüido estavam sentados olhando os outros nadarem no lago.
— Saiam logo da água! — gritou Forfo. — É hora do almoço!
— Não seja apressado, Forfo! Ainda é cedo! — disse Smilingüido.
— Ah! Minha barriga já está roncando! — falou ele, impaciente.
De repente Forfo viu uma árvore cheia de frutinhas vermelhas.
— Oba! Veja lá, Smi. Vou matar minha fome agora.
— Não conhecemos aquela fruta. É melhor não comer — recomendou Smi.
Forfo não ouviu, colheu uma fruta e mordeu. Sua boca começou a arder.
— Socorro! Socorro! — gritou, apavorado, correndo para beber água no lago.
— O que houve afinal? — perguntou Piriá.
— Forfo comeu uma fruta e saiu correndo pra beber água — explicou Smilingüido.
— *Oxente*! E que fruta foi essa que o deixou da cor das botinhas do Piriá? — indagou Pildas.
— É aquela ali — apontou Smilingüido.
— Há! Há! Há! Há! Aquilo é pimenta! — disse Pildas, caindo na gargalhada.
— Pimenta? Há! Há! Há! Há! Esse guri pensa que tudo é delícia — disse Piriá.
— Mas... É que... A frutinha parecia ser tão doce... — disse Forfo, ainda vermelho. — Eu deveria ter ouvido o conselho do Smilingüido.
— Teria sido melhor mesmo, *bichim* — concordou Pildas. — O Criador se alegra quando ouvimos bons conselhos. Daí nos livramos de coisas ruins.
— Já pensou se fosse uma fruta venenosa? — comentou Faniquita.
— Ufa! Ainda bem que foi pimenta. Arde, mas alguns goles de água resolvem — disse Pildas, sorrindo e contagiando a todos com sua gargalhada. (NA)

Por que é melhor ouvir os bons conselhos? Quais são as pessoas que você conhece que lhe dão bons conselhos?

O colecionador

"Vivam em harmonia uns com os outros..." Romanos 12.16a

Dia 55

As pequenas formigamigas andam animadas colecionando coquinhos de gude. A coleção do Forfo é de cinco coquinhos; Smilingüido tem seis; Pildas tem sete; e Faniquita, quem diria, já tem oito. Faniquita só perde para o Piriá, que tem nove. Hoje, porém, ela ganhou mais três coquinhos da Flau.

Todo dia a turma se encontra para fazer trocas e ver quem tem mais coquinhos. Abrem as sacolas e exibem suas coleções. Piriá soube que Faniquita agora tem uma coleção maior do que a dele e ficou furioso:

— Preciso conseguir mais três coquinhos — falou, decidido.

Então começou a prometer coisas em troca dos coquinhos de seus amigos: para o Forfo, um saco de gabiris; para o Pildas, um pacote de farinha de rosca; e para o Smilingüido, ajuda para colher amoras. Assim conseguiu mais três coquinhos de gude. Ele ficou muito feliz e assim que pôde foi mostrá-los para os amigos:

— Agora tenho mais coquinhos que todo mundo, viu, Faniquita? — provocou.

Entretanto os amigos não gostaram do que Piriá estava fazendo. Ele estava se achando muito poderoso e até esqueceu as promessas que tinha feito em troca de coquinhos. Então, Forfo, Pildas e Smilingüido foram conversar com ele para lembrá-lo do que havia prometido. Piriá não deu bola e foi brincar sozinho.

Alguns dias se passaram e Piriá cansou de brincar sozinho. Percebeu, então que havia agido muito mal e que estava perdendo seus amigos.

Ainda bem que, assim que se deu conta disso, foi pedir desculpas aos colegas e procurou cumprir as promessas que havia feito a todos. E para fazer as pazes com a Fani, deu-lhe alguns de seus coquinhos:

— Agora temos a mesma quantidade, não é? — disse Faniquita toda contente. (CMW)

Por que os amigos de Piriá estavam chateados com ele?
O que Piriá fez para voltar a viver em harmonia com os amigos?

Dia 56

A primeira aula

"Nós amamos porque Deus nos amou primeiro." 1 João 4.19

Era o primeiro dia de Flau na hora da instrução. Ela já conhecia os outros alunos do mestre e sabia que a turma era muito unida. Por isso tinha medo de não ser aceita pelo grupo. Na verdade, Flau tinha vários outros medos:

"Será que eles vão gostar dos meus laços novos? E se o mestre fizer uma pergunta que eu não saiba responder? Eles vão rir de mim?" perguntava-se Flau enquanto caminhava lentamente até a sala de aula.

Estava tão concentrada que nem percebeu Smilingüido e Pildas se aproximando:

— Ei, menina Flau! Deixa que eu carrego seu livro! — ofereceu Pildas.

Flau se assustou e até deixou o livro cair no chão. Porém Smilingüido logo o pegou e o entregou ao Pildas, levando Flau pelo braço até a sala.

Assim que Flau entrou, Faniquita gritou lá do fundo:

— Flau, aqui... Esse é o seu lugar, do meu ladinho!

A aula começou e o mestre pediu que todos se apresentassem.

— So-sou Flau! — gaguejou ela.

No entanto, ninguém riu; aliás, nem perceberam o nervosismo dela.

Na hora do recreio, Forfo ofereceu a Flau um de seus bolinhos de gabiri e depois todos brincaram juntos.

Aos poucos Flau sentiu-se mais segura, percebendo que, ali, todos eram amigos e lhe queriam bem. Quando Flau estava voltando para seu quarto, lembrou-se da explicação do mestre:

"Porque o Criador nos ama, devemos demonstrar amor pelos outros."

— É... Ninguém reparou nos meus lacinhos novos, mas todos prestaram atenção na aula e praticaram o que o mestre ensinou — concluiu aliviada. (CMW)

Já aconteceu de uma criança nova ir à escola ou à festa em que você estava? O que você pode fazer para o novo amiguinho se sentir bem entre os que já se conhecem?

O que está acontecendo com a rainha?

Dia 57

"Não procurem dominar os que foram entregues aos cuidados de vocês, mas sejam um exemplo..." 1 Pedro 5.3

Hoje as formigamigas estão sem vontade de trabalhar e também não querem ficar perto da rainha, pois ela está muito mandona e não dá sossego para ninguém, falando com voz alta e impaciente. É que o grande sonho da Faniquita se realizou. Como hoje é aniversário dela, recebeu um presente muito especial: ela está sendo rainha por um dia.

— Sou a poderosa rainha. Vamos, vamos! Hoje é um dia especial; vocês têm muito o que fazer. Vamos, vamos, mais rápido!

Nem na hora de comer e de descansar, Faniquita não para de falar:

— Comam mais depressa. Tragam-me as melhores gabiris. Vamos, vamos, ainda temos muito trabalho!

A rainha só pensa em si mesma e está toda orgulhosa. Ela não percebe que só está gritando e mandando nas outras formigas.

— Assim não dá! Você está sendo muito mandona, Faniquita! A rainha Formosa não faz assim. Seja uma rainha amiga que também ajuda e elogia seus amigos de vez em quando! — disse Smilingüido.

— Uma rainha ajuda o formigueiro a trabalhar com alegria, Faniquita — acrescentou Formisã.

Então Faniquita aprendeu que não é tão fácil ser rainha. É uma grande responsabilidade, pois é preciso pensar no bem de todo mundo e não só em si mesma. Não é só mandar nos outros.

— Vou observar mais a rainha Formosa para um dia ser realmente igual a ela e deixar todo o formigueiro feliz! — concluiu Faniquita. (MS)

Você gosta de brincar com um "mandão"? Qual é o melhor jeito de tratar os outros?

Dia 58

Meu amigão

"Não se preocupem com nada, mas em todas as orações peçam a Deus e sempre orem com o coração agradecido." Filipenses 4.6

Forfo está triste, sentindo-se sozinho. Mestre Formisã, percebendo a tristeza dele, pergunta:
— O que aconteceu, Forfo?
— Estou triste porque a turma não me convidou pra passear e eu não gosto de ficar sozinho — explica Forfo.
— Você já conversou com o Criador? — pergunta o mestre.
— Conversar com o Criador? — diz Forfo.
— Sim, você pode falar com ele pela oração, pois ele é seu melhor amigo — explica o mestre. — E está sempre pronto a ouvir.
Mestre Formisã volta ao formigueiro e Forfo aproveita para conversar com o Criador, contando a ele tudo o que aconteceu. Depois de orar, Forfo se sente bem melhor. Então Faniquita chega correndo:
— Forfo, vim buscar você.
— Buscar pra quê? — pergunta sem entender.
— Para ir até o riacho com a gente — explica Faniquita. — Fiquei encarregada de convidá-lo e acabei me esquecendo de falar com você.
— Pensei que não queriam que eu fosse com vocês... — diz Forfo. — E isso me deixou muito triste, pois achei que vocês não gostavam mais de mim.
— Imagine, Forfinho, você é nosso amigo! — fala Faniquita, abraçando-o.
— Puxa, Fani, é tão bom ter amigos! E hoje descobri uma coisa muito importante! — diz Forfo.
— O que você descobriu? — pergunta Faniquita.
— Que eu tenho um amigo que está comigo toda hora e em todo lugar. Ele é meu amigão! — diz Forfo. — O Senhor Criador é o meu amigão! (MM)

Você está agradecido a Deus? Que tal agradecer por algo que aconteceu hoje, por uma qualidade que Deus deu a você ou por um amigo?

Um dia ruim

Dia 59

"A vida de todas as criaturas está na mão de Deus..." Jó 12.10a

Piriá estava triste e reclamando da vida quando Smilingüido se aproximou:

— Que foi, amigão? Por que você está assim? Está um dia tão bonito... — disse Smilingüido.

— Ah, Smi, bonito nada! Tu falas assim porque não sabes o que me aconteceu hoje — respondeu Piriá.

— O que aconteceu de tão ruim? — perguntou Smilingüido surpreso.

— Primeiro, acordei com uma baita dor de barriga; depois, quando melhorou, fui jogar futebol, mas a bola furou; e pra piorar ainda mais, tropecei, machucando meu cotovelo. Depois, todos foram embora e me deixaram aqui sozinho! — falou Piriá indignado.

— Está certo, Piriá, seu dia não está sendo dos melhores, mas você se lembra daquela história que o mestre contou ontem, do Livro da Vida, em que o Senhor Criador deixou que um amigo dele passasse por coisas muito piores?

— Lembro... Ele perdeu tudo o que tinha: casa, animais, família, os bens... E olha que não era pouca coisa, não é? Até os amigos dele sumiram!

— E ele também ficou muito doente. Mas mesmo assim não deixou de agradecer ao Criador nem desistiu de acreditar nele! — Smilingüido completou.

— Puxa, Smi, é mesmo! Acho que estou sendo reclamão demais!

— É, Piriá! Talvez, se você conversar com o Criador, vai se sentir melhor! Por que não faz isso agora? Enquanto isso vou buscar um remedinho pra esse seu cotovelo. Ele ficou bem machucado! — ofereceu o amigo.

Então Piriá contou para o Criador como se sentia e pediu perdão por reclamar tanto. E no final agradeceu pelo que tinha aprendido naquele dia. (CVW)

Que atitudes vão ajudar você a não ser um "reclamão"? Pensar somente no que deu errado? Agradecer pelas coisas boas? Desabafar com um amigo? Orar?

Dia 60

A sós com o Criador

"Procurem a ajuda do Eterno; fiquem sempre na sua presença."
Salmo 105.4

Certa manhã, Faniquita andava cabisbaixa pelo formigueiro. Passou por Smilingüido e nem o notou. Smilingüido ficou olhando para ela e então decidiu chamá-la:

— Ei, Fani! O que foi? Você parece triste. Aconteceu alguma coisa?

— Pois é, Smi, não sei bem. Acordei hoje com uma tristeza no coração, sem vontade de fazer nada. Não tenho vontade nem de brincar com a turma!

— Hummm... Sabe, Fani, uma vez aconteceu isso comigo. Passei o dia inteiro sem vontade de brincar nem de falar com ninguém. Foi então que o mestre Formisã percebeu e veio falar comigo. Ele me ensinou uma coisa muito legal e importante.

— É? E o que foi, Smi? — perguntou Faniquita.

— Ele me ensinou a fazer o "a sós com o Criador".

— "A sós com o Criador"? — perguntou Faniquita novamente. — Como é isso?

— É o seguinte: ele me disse que todos os dias eu devo conversar com o Senhor Criador, contar pra ele tudo o que está no meu coração e pedir que ele me dê um dia bem proveitoso e agradável.

— E quando a gente já está assim, meio desanimadinha? — quis saber Faniquita.

— Ah, o mestre sugeriu que, sempre que eu estivesse triste, deveria pedir ânimo para o Senhor Criador também. E sabe que funcionou? Daquele dia em diante, todos os dias, quando acordo, a primeira coisa que faço é conversar com ele e ler o Livro da Vida. E meus dias passaram a ser muito melhores.

— Puxa, Smi, que legal! Acho que vou começar a fazer isso também. E vou começar agora mesmo! — Faniquita decidiu e foi correndo para seu quarto, ansiosa para ter um "a sós com o Criador". (KS)

E você? Já teve um "a sós com Deus" hoje? Que tal fazê-lo agora?

Cada um do seu jeito

Dia 61

"Porque foi Deus quem nos fez..." Efésios 2.10a

Vocês conhecem o Forfo, não é? Pois é; ele está sempre animado. Só desanima quando sente muita fome. Entretanto, um dia desses, ele estava estranho! Tinha tomado um belo café da manhã e depois saiu para passear.

E cada vez que passava pelos amiguinhos, só conseguia pensar em como eles eram bons. O Smilingüido era inteligente e resolvia os problemas com facilidade. O Pildas, por sua vez, era rápido em fazer tudo e sempre tão criativo! E por falar em velocidade, o Forfo reparou até no Talento e no Tolero, que de rápidos não tinham nada, mas eram felizes. Todos pareciam melhores do que ele.

Então decidiu ir jogar pedras no lago e aproveitar para saborear umas gabiris. Depois de alguns minutos e várias gabiris, o mestre Formisã aproximou-se, pensativo. Notou algo diferente no Forfo e procurou ajudar. Quando Forfo contou o que estava acontecendo em sua cabeça, Formisã logo identificou o problema e disse:

— Forfo, é certo admirar o que os outros têm de bom, mas se isso o deixa triste é porque o bichinho da inveja pegou você!

— E isso é sério, mestre?

— É sim! E precisa ser tratado com urgência!

— O que devo fazer?

— É simples: basta acreditar que o Senhor Criador deu para cada um de nós um jeito diferente. Não precisamos invejar o que os outros têm ou são.

— E o Criador pode me perdoar por ter pensado essas coisas?

— Claro! E ele também pode lhe mostrar que você é importante do seu jeito.

(CVW)

Quem fez você com um jeito todo especial?
Por que você não precisa invejar seus amigos?

Dia 62

Mestre Piriá

"Fale sempre do que está escrito no livro da Lei. Estude esse livro dia e noite e se esforce para viver de acordo com tudo o que está escrito nele..." Josué 1.8a

Depois da hora da instrução, Piriá conversava com o mestre Formisã:
— Mestre, gosto tanto de ouvir as histórias do Livro da Vida...
— É mesmo, Piriá? Fico feliz por isso. As histórias do Livro da Vida são maravilhosas, aconteceram mesmo e podemos lê-las ou escutá-las repetidas vezes, pois o Criador nos ensina lições novas a cada dia — disse Formisã.
— É, é isso o que acontece mesmo... Quero ouvir sempre mais. Mas gosto quando o mestre conta as histórias — Piriá falou.
— Que bom, Piriá! E você já pensou em contar as histórias que você mais gosta para alguém? — perguntou Formisã.
— Mas não sei contar histórias tão bem quanto o senhor — respondeu Piriá.
— Não tem problema! O Criador o ajudará. Conte o que aprendeu para alguém do jeito que você sabe! E o que você não souber, pode ler no Livro da Vida. Sempre teremos o que aprender.
— Mestre, tu já leste tanto sobre o Criador, mas ainda não sabes tudo sobre ele? — Piriá continuou.
— Não, Piriá, não sei tudo. Ainda tenho muito a aprender com o Criador. O importante não é o quanto você sabe, mas o quanto é sincero e obediente a ele.
— Entendi, mestre.
— Estou vendo que teremos um mestre Piriá logo, logo, ensinando as lições do Livro da Vida para outras formigas — disse Formisã.
— Mestre Piriá? Humm, gostei! Acho que vou até a Floresdeira praticar um pouquinho, contando as histórias do Livro da Vida aos amigos! — falou Piriá, todo contente. (CS)

Você tem algum amigo que não conhece as histórias da Bíblia? Que tal escolher uma para contar para ele?

Pildas e a faxina

Dia 63

"Façam tudo sem queixas ou discussões." Filipenses 2.14

— Amanhã, acordaremos cedo e faremos uma faxina no formigueiro. Até os pequenos poderão ajudar, limpando as paredes. Assim todos poderão colaborar — convocou a rainha.

— Oba! Deixaremos tudo bem limpinho! — gritou Faniquita, toda animada.

No dia seguinte a turma chegou bem disposta para começar a limpeza. A rainha agradeceu a presença de todos, mas sentiu falta de um pequeno.

— Alguém viu o Pildas?

— Às vezes ele tem um sono pesado. Pode ser que ainda não tenha se levantado da cama — disse Piriá.

— Vou atrás dele — disse Smilingüido, indo para o quarto. — Pildas! — ele gritou.

Pildas não respondeu. Ele não estava na cama, mas Smilingüido continuou procurando até que ouviu alguém tossindo atrás da cortina.

— Achei você! — falou Smilingüido, puxando a cortina.

— Por favor, *si minino*, não diga que estou aqui. Não gostei dessa ideia de faxina, *bichim*! Sou muito pequeno pra isso! — disse ele baixinho.

— Não penso assim, Pildas. Acho que a faxina pode ser divertida.

— *Oxente!* E como é que esfregar parede pode ser divertido, Smi?

— Se fizermos com alegria, pode sim. Sabe, o Criador nos ensina a colocar amor em tudo o que fazemos. Além do mais, o formigueiro é de todos, grandes e pequenos. Devemos todos cuidar dele. E tem mais: fazer faxina vai ser mais divertido do que ficar escondido atrás de uma cortina.

— Está bem, *bichim!* — disse Pildas. — Pensando bem, desde que me escondi aqui, não paro de tossir e espirrar. E isso não está nada divertido! (NA)

Você ajuda sua mãe na limpeza da casa? Que tal começar limpando e organizando seu quarto? Ela vai ficar feliz com sua ajuda.

Dia 64

Sozinho? Nunca!

"É melhor haver dois do que um porque duas pessoas trabalhando juntas podem ganhar muito mais." Eclesiastes 4.9

Talento resolve andar um pouco sozinho. Está cansado de estar sempre na companhia do Tolero. Portanto, comunica a seguinte decisão ao irmão:

— Hoje vou andar sozinho.
— Andar sozinho?
— É, vamos mudar um pouco. Sempre fazemos tudo juntos.
— Mudar um pouco?
— Vamos nos separar hoje.
— Separar... Hoje?

Talento muda de direção, caminhando sozinho, enquanto Tolero fica ali, parado.

Durante seu passeio, Talento vê uma folha e resolve carregá-la. No entanto, a folha é muito pesada. E ele percebe que, com a ajuda de Tolero, seria bem mais fácil. Da mesma forma, sente falta do irmão quando tenta pegar um gomo de amora no topo de um galho. Até imagina Tolero fazendo escadinha para poder alcançá-lo. E quando bate um vento muito frio, Talento pensa que se o irmão estivesse ali poderiam se aquecer juntos. Mas mesmo assim ele continua a caminhada. De repente se distrai e cai numa poça de lama. Só então ele percebe que errou ao decidir ficar longe de seu fiel companheiro. Então...

— Tolero, Tolero! Socorro!
— Socorro? — ouve Tolero, que acompanhava tudo de longe e vai correndo socorrer o irmão com um graveto de árvore.
— Que bom que somos dois — reconhece Talento ao sair da lama.
— É, somos dois — concorda Tolero, todo feliz. (CF)

Você gosta de ficar sozinho?
Por que é melhor estar com um amigo do que só?

Um pedido de socorro

Dia 65

"Portanto, sempre que pudermos, devemos fazer o bem a todos..."
Gálatas 6.10a

Naquele dia, a aula na Floresdeira era sobre sons. Cada vez que escutavam um barulho, Formisã perguntava quem sabia de que inseto era aquele som.

Pildas conseguiu identificar o som da abelha; Faniquita, o do grilo; Forfo, o do mosquito. E todos se divertiram com os muitos sons dos insetos da Floresdeira.

Na hora do descanso, Piriá cutucou Smilingüido:

— Ouviste isso, Smi?

— O que, Piriá? Não ouvi nada.

— Smi, parece alguém pedindo socorro.

— É, mesmo, Piriá! Vamos ver o que é? Parece que alguém precisa de ajuda.

Os dois se afastaram da turma e encontraram uma centopeia que gritava:

— Socorrooo! Ajudem-me! Tenho um espinho no último pé e não consigo tirá-lo!

— Será que ela não come a gente? — perguntou Piriá com medo.

— Não, Piriá. Centopeias não comem formigas. Vamos ajudá-la, vamos!

Os dois se aproximaram. Smilingüido pediu que a centopeia levantasse o pé para que tirassem o espinho. Ela o levantou e Smilingüido tentou puxar, mas o espinho não saiu.

— Ajude-me, Piriá! Ele está bem no fundo.

E os dois puxaram com toda a força.

— Mais uma vez, Smi! — Piriá ajudava. — Vamos conseguir! Um, dois, três... E já!

Eles caíram no chão, tamanho o esforço que fizeram, mas o espinho saiu.

— Muito obrigada, formiguinhas! Sem a ajuda de vocês, eu não teria conseguido! — agradeceu a centopeia, toda feliz. (MS)

> Como a centopeia se sentiu depois de ser ajudada pelas formigas? E como o Smilingüido e o Piriá devem ter se sentido quando a ajudaram?

Dia 66

Uma mão lava a outra

"Não nos cansemos de fazer o bem. Porque, se não desanimarmos, colheremos quando chegar o tempo." Gálatas 6.9

Piriá e Smilingüido tinham se afastado da turma enquanto caminhavam pela Floresdeira.

— Smi, não consigo mais! Vamos parar um pouquinho. Meus pés estão machucados de tanto andar.

— Está bem! Vamos sentar e pensar no que fazer. Acho que a gente se perdeu da turma — disse Smilingüido.

—Tu estás com medo? — perguntou Piriá, apavorado.

— Com medo? Acho que não, Piriá. Mas está começando a ficar escuro e a Floresdeira pode ser perigosa. Afinal, há tantos bichos por aqui...

— Então, Smi, o que vamos fazer?

— Vamos orar, Piriá. O Senhor Criador pode nos ajudar!

E os dois deram as mãos, começando a orar:

— Senhor Criador, a gente se perdeu. Por favor, mande ajuda. Nós confiamos no Senhor e lhe agradecemos. Amém!

Só de orar já se sentiram melhor. De repente eles ouviram um barulho. Assustados, abraçaram-se até que alguém perguntou:

— O que vocês estão fazendo aqui, sozinhos a esta hora?

Smilingüido reconheceu logo de quem era a voz e falou aliviado:

— Piriá, lembra dela? É a centopeia que estava com o espinho no pé.

Piriá ainda estava com medo, achando que a centopeia poderia lhes fazer algum mal. Porém ela falou:

— Vocês se perderam? Acho que agora é a minha vez de ajudá-los. Parece que estão cansados. Subam nas minhas costas. Vou levar vocês até o formigueiro.

— Viu, Piriá? A ajuda do Senhor Criador já chegou! (MS)

Smilingüido e Piriá ajudaram a centopeia e depois foram também ajudados por ela. Alguma vez você já retribuiu uma ajuda que lhe foi dada?

Faniquita se esquece de lavar as mãos

Dia 67

"Mas o que sai da boca vem do coração. E é isso que faz alguém ficar impuro." Mateus 15.18

Faz uma linda manhã de sol. As formiguinhas aproveitam para brincar no lago. Todos brincam na água e parece que só a Flau não quer se refrescar.

— Ei, Flau! Venha brincar com a gente! — chama Smilingüido. — Hoje não, Smi! Não quero me molhar — responde Flau.

Porém Faniquita resolve brincar com a amiga e de repente puxa Flau para dentro do lago.

— Olha o que você fez! Estou toda molhada! — reclama Flau. — Quer saber? Acho que não quero mais ser sua amiga. Estou de mal com você!

E assim, Flau volta para o formigueiro brigada com a Faniquita.

Na hora do almoço, os pequenos estão sentados para comer. Flau, que sempre costuma almoçar ao lado de Faniquita, decide sentar-se longe da amiga, pois ainda está irritada com ela. Nenhuma das duas quer conversar.

Mais tarde a noite cai e todos se reúnem para jantar. Então Flau aproveita que o mestre Formisã está com os pequenos e provoca sua amiga:

— Mestre, parece que a Fani se esqueceu de lavar as mãos antes de comer!

— Você tem razão, Flau — diz Formisã. — Faniquita, você se esqueceu do que conversamos sobre lavar as mãos antes das refeições? Levante-se e vá lavá-las. É muito importante cuidarmos do nosso corpo. E, falando em cuidar do corpo, você sabe que o coração também precisa de cuidados, Flau? Parece que o seu está com manchinhas por causa do rancor. Que tal fazer as pazes com a Fani para limpá-lo?

Assim, Flau e Faniquita acabam decidindo ficar de bem outra vez e manter as mãos e o coração limpos. (RB)

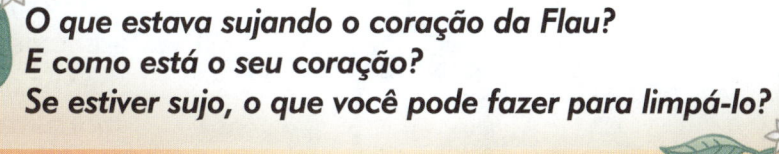

O que estava sujando o coração da Flau?
E como está o seu coração?
Se estiver sujo, o que você pode fazer para limpá-lo?

Dia 68

Ele ressuscitou!

"... Por que é que vocês estão procurando entre os mortos quem está vivo? Ele não está aqui, mas ressuscitou..." Lucas 24.5b-6a

Flau estava inconformada e por isso procurou o mestre Formisã:

— Mestre, ele morreu! Que final triste! Não gostei da história! Como pôde acontecer uma tragédia dessas? Ele morreu...

— Acalme-se e conte o que aconteceu, Flau — disse Formisã.

— Eu ouvi duas formigas conversando sobre uma história muito triste.

— História? Mas que história é essa, Flau?

— É a história do Filho do Senhor Criador. Alguém tão legal como ele, que fez um montão de coisas boas e morreu no final. Isso não é justo! Não está certo!

— Você tem certeza de que ouviu o final da história? — Formisã perguntou.

— Claro! Ele morreu. Morreu e acabou — Flau concluiu.

— Flau, a morte do Filho do Criador é apenas parte da história. Ele morreu sim, e fez isso para perdoar tudo o que fazemos de ruim. No entanto, ele não continuou morto.

— O quê? Ele não continuou morto?

— Não! A história não termina aí, Flau. Ele morreu pelos nossos pecados, mas, no terceiro dia, Ele ressuscitou!

— Re... O quê?

— Ressuscitou, Flau.

— Mas o que é isso?

— Ele morreu, mas voltou a viver. Por isso falamos com ele em oração!

— Ahhhh! Então ele viveu de novo! Puxa, que legal, mestre! Agora, sim, essa história ficou boa! Eu sabia que alguma coisa estava errada! O Filho do Senhor Criador é grande demais pra ficar morto. De hoje em diante ele é pra mim o maior Super-herói! Vou contar a história dele pra todo mundo. Valeu, mestre! (JH)

Você sabe qual é a grande diferença entre Jesus e os demais heróis que já existiram? Todos morreram, mas somente Jesus ressuscitou.

Dar valor

Dia 69

"Agradeçam sempre a Deus, o Pai, todas as coisas, em nome de nosso Senhor Jesus Cristo." Efésios 5.20

"Hummm! Hoje vai ter suflê de gabiri para o almoço. Que delícia!" pensou Forfo já com água na boca.

Sentou-se à mesa perto do mestre Formisã. Uma formiga-cozinheira lhe serviu uma generosa porção de suflê e outros legumes. Então, Forfo disse:

— Um pouco mais, por favor! Hoje estou com uma fome de tamanduá!

A formiga lhe atendeu. Porém ele não se satisfez, querendo ainda mais. Dessa vez mestre Formisã precisou interferir:

— É bom comer primeiro o que tem aí, Forfo. Depois você repete.

Forfo comeu o suflê de gabiri e, antes de terminar de comer os legumes, estendeu o prato, pedindo mais.

— Mas Forfo, você nem acabou com o que tem no prato... — lembrou o mestre.

— Ah, mestre, o suflê de gabiri está tão gostoso! Só mais um pouquinho...

— Não, Forfo. Você não vai ganhar mais suflê enquanto não comer os legumes.

— Ah... Assim não vale! — resmungou Forfo.

— Forfo, toda a comida é saudável e feita com carinho — explicou o mestre. — Lembre-se da oração que fizemos há pouco. Pelo que agradecemos ao Criador?

— Pela comida — respondeu Forfo com um pouco de má vontade.

— Sim, não só pelo suflê, mas também por toda a comida. Isso inclui os legumes! — lembrou o mestre.

— Está bem... Eu como os legumes... — disse Forfo, pegando uma colherada.

— Bem, agora vou lhe dar uma boa notícia: depois que acabar todos os legumes, ainda vai dar para comer uma deliciosa torta de morango como sobremesa.

— Oba! Vou comer esses legumes rapidinho! E até que eles estão gostosos!

(MS)

Você também se lembra de agradecer a Deus pela comida antes de cada refeição? E você come sem reclamar da comida pela qual agradeceu?

Dia 70

Crer sem ver

"... Felizes os que creem sem ver!" João 20.29b

Numa tarde, na Floresdeira, em meio a um passeio das formigamigas...

— Smi, nós nunca vimos o Senhor Criador, não é mesmo? — pergunta Faniquita.

— Não, Fani. Sabe que eu nunca parei pra pensar nisso? — fala Smilingüido.

— Oxente, eu também não! — comenta Pildas.

— Turma, o que vocês acham de perguntarmos para o mestre se ele já viu o Senhor Criador? — sugere Smilingüido.

— Boa ideia — concorda Faniquita. Então vamos!

Aproximam-se do lugar onde o mestre está, e Faniquita pergunta:

— Mestre, o senhor já viu o Senhor Criador?

— Não, nós não podemos ver o Senhor Criador com os nossos olhos naturais! Mas nós podemos ver suas obras, como a natureza e os seres vivos. Também podemos senti-lo por meio de seu amor, compaixão, paz, alegria e tantos outros sentimentos que ainda vamos descobrir — explica o mestre.

— Mas, mestre, nós nunca iremos vê-lo? — pergunta Smilingüido.

— Sim, pequeninos. O Livro da Vida diz que, um dia, toda a natureza o verá em toda a sua beleza e majestade. Mas enquanto esse dia não chega, vamos viver de acordo com o que ele tem nos ensinado, certo? — fala o mestre.

— Certo, mestre! Vamos obedecer ao Senhor Criador, amando todos os seres vivos e a natureza também! — conclui Smilingüido. (DMS)

Como você pode perceber a existência de Deus? De todas as suas obras, qual você mais admira?

Surpresa!

"Que as suas conversas sejam sempre agradáveis e de bom gosto..." Colossenses 4.6a

Dia 71

Smilingüido, Pildas, Talento e Tolero estavam cochichando quando Faniquita e Piriá chegaram, perguntando:
— Por que vocês estão falando tão baixinho?
Os meninos ficaram quietos, meio sem graça, até que Pildas respondeu:
— Não é nada não... Vamos logo, porque a aula do mestre vai começar!
Durante a aula do mestre Formisã, Piriá perguntou para Faniquita:
— O que será que os meninos estavam falando quando a gente chegou?
— Ih, não sei, mas o Pildas disse que não era nada importante!
— Não sei, não, Faniquita. Ouvi eles falarem seu nome — disse Piriá.
— Meu nome? Não acredito que estavam falando mal de mim!
A aula acabou e os pequenos saíram correndo para o lanche. Faniquita estava triste, mas resolveu ir lanchar também. Chegando lá...
— Surpresa! — todos gritaram.
Eles tinham preparado uma festa para Faniquita, comemorando assim sua vitória no concurso de Miss Formiga.
— Ah, então era isso que vocês estavam armando no começo da aula?
— Isso mesmo, Fani! — respondeu Smilingüido.
— Achei que tu estavas falando mal da gente! — comenta Piriá.
— Claro que não, Piriá. Só não lhe contamos porque a Fani estava com você e não queríamos que ela descobrisse. Além do mais, sabemos que o Senhor Criador e os amigos não gostam quando falamos mal dos outros.
— Vocês, hein? Espertinhos! Nem desconfiei! Obrigada, amigos! — agradeceu Faniquita muito feliz. (TS)

Leia novamente o versículo acima. O que não faz parte de uma conversa "agradável e de bom gosto"?

Dia 72

Diferenças

"De um só homem criou todas as raças humanas para viverem na terra. Foi ele (Deus) mesmo quem marcou os tempos e os lugares certos onde os povos deviam morar." Atos 17.26

Naquela noite as formigamigas estavam reunidas em volta da fogueira.

— Olhe só, mestre! — disse a rainha. — Que lua linda!

— É mesmo — respondeu Formisã. — O Senhor Criador criou a natureza de forma tão perfeita. Veja só a Floresdeira, com tantas espécies de flores e plantas... Cada qual com sua função. Todas elas foram criadas com características diferentes, cada uma com um propósito: umas servem de alimento; outras, de abrigo. Umas exibem grande beleza; outras, nem tanto. Porém, todas são especiais.

— Cada vez mais vejo como o Senhor Criador é perfeito e entendo que ele criou a Terra para que nós vivêssemos nela, não é, mestre? — perguntou admirada, a rainha.

— É verdade; o Livro da Vida nos diz que o Senhor Criador criou a Terra e lhe deu forma, não para que ficasse vazia, mas para que fosse habitada.

— E o que mais me deixa contente é que ele criou todos os bichos com seus jeitinhos: uns grandes e fortes, outros pequenos e magros; uns mais alegres e outros mais sérios. Que criatividade! — disse a rainha.

— É... — completou Formisã. — Veja só o Pildas com seu sotaque diferente... A Flau, toda arrumadinha... O Smi, tão responsável... O Formidável troca tudo, mas como é prestativo... Todos eles foram feitos dessa maneira porque o Senhor Criador quis assim. E todos são importantes aqui no formigueiro; cada um do seu jeito!

— Muito obrigada, Senhor Criador — continuou a rainha. — Obrigada por nos criar tão diferentes, e únicos! (KS)

Conforme o versículo de hoje, quem definiu em que época e lugar você vive? Já existiu, existe ou existirá alguém igual a você?

Não fique preocupado

Dia 73

"Entregue os seus problemas ao Deus Eterno, e ele o ajudará..."
Salmo 55.22a

Taploft entra na sala, apavorado, com um caderno nas mãos:
— Mestre, veja isso! — diz Taploft, mostrando o caderno.
— Cálculos? O que é isso, Taploft? — pergunta o mestre.
— São sobre as nossas reservas de comida, mestre, que pelos meus cálculos vão acabar daqui a uns dias! — diz Taploft.
— Mas o inverno não chegou ainda; há tempo para trabalhar e ajuntar comida. E você é tão pequeno! Não precisa se preocupar com isso, amiguinho — fala o mestre.
— Mas, mestre, quero ajudar! — diz Taploft.
— Entendo que você queira ajudar; entretanto pode agir de outra maneira — diz o mestre, tentando acalmá-lo.
— Como? — pergunta Taploft.
— Não desperdiçando alimentos, por exemplo — explica Formisã.
— É... Às vezes vejo muitos restos de comida sendo jogados fora — reflete Taploft.
— E há muito alimento na natureza que não aproveitamos... — diz o mestre.
— Já sei. Vou montar um projeto sobre como usar melhor o que a natureza nos dá — conta Taploft.
— Muito bom! E lembre-se: aquele que criou a natureza é quem mais pode nos ajudar. Não fique preocupado, mas converse com o Criador e ele lhe mostrará o que fazer.
— Obrigado, mestre! Não vou mais me preocupar assim! Agora vou fazer minha parte: pesquisar e ter boas ideias para o formigueiro! — conclui Taploft.
(MM)

O que é desperdiçar comida? Por que não devemos desperdiçá-la?

Dia 74

Forfo fujão

"O Deus Eterno vê o que acontece em toda parte; ele está observando todos, tanto os bons como os maus." Provérbios 15.3

O sol brilha no formigueiro, as operárias carregam sementes e as cozinheiras preparam a próxima refeição. Enquanto isso, os pequeninos brincam de esconde-esconde perto do pátio das operárias.

— Ei, Pildas! Agora é a sua vez de procurar. O Forfo e eu vamos nos esconder — diz Smilingüido e sai correndo à procura de um esconderijo.

Porém Forfo ainda pensa para onde ir:

— Já sei! Se o Smilingüido se escondeu no pátio das operárias, vou me esconder no armazém de alimentos!

Assim, Forfo passa por um guarda que está conversando com uma operária e entra no armazém. Está tudo escuro lá dentro. Sem enxergar direito, ele esbarra em uma pilha de sementes e derruba tudo. Que bagunça! E agora? Com medo de levar uma bronca das cozinheiras, Forfo sai do armazém e volta para o pátio.

— Oxente! Onde *tu tava* escondido, *bichim*? — pergunta Pildas.

— Eu?! Bem... Eu estava logo ali, debaixo de uma folha seca! — inventa ele. Nesse momento outro guarda do armazém passa por eles.

— Olá, pequenos! Vocês viram alguma operária saindo do armazém?

Forfo se assusta. Será que descobriram a bagunça que ele fez? Com medo, ele dá um jeito de escapar e corre para a Floresdeira. Sentado em um cogumelo, Forfo pensa no que aconteceu. Ele não derrubou aquelas sementes de propósito. Por que ter medo? E se alguma operária levar a culpa no lugar dele? Ele vai se sentir muito mal! Afinal, mesmo que ninguém saiba que foi ele, o Senhor Criador sabe. O Criador sabe de tudo e vê tudo. Por isso Forfo resolve voltar e contar toda a verdade. (RB)

De quem você não pode esconder seus erros? Deus vê somente os erros ou também as coisas boas que você faz?

O concurso

Dia 75

"Como é bom e agradável que o povo de Deus viva unido como se eles fossem irmãos!" Salmo 133.1

— A rafinha Gormosa, digo, a rainha Formosa mandou avisar que caferá um fonfurso. Não! Haverá um concurso para os pequenos. Quem fizer o besenho mais fonito, digo, o desenho mais bonito, ganhará um molinete, não, um folhinete! — anunciou o mensageiro Formidável.

Toda a turma participou do concurso e Faniquita já sonhava com o momento em que receberia o prêmio das mãos da rainha Formosa.

— Acredita, Fani! Esse prêmio já tem dono e eu serei o mais popular da turma! — disse Piriá.

Finalmente a rainha Formosa anunciou o resultado. E o vencedor do concurso foi... Forfo! Piriá e Faniquita ficaram muito tristes e Smilingüido tentou animá-los. Convidou Piriá para comer gabiris, mas ele não quis saber de nada. Preparou um presente para Faniquita e ela nem prestou atenção, pois não parava de chorar. Smilingüido foi até sua toca para conversar com o Criador, pois estava preocupado com os amigos. Ele orou, pedindo sabedoria ao Criador para poder ajudá-los e agora já sabia o que fazer. Chamou Piriá e Faniquita, dizendo:

— Vocês estão pensando só no concurso que perderam e não perceberam que deveriam se alegrar com o Forfo? Ele mereceu ganhar o prêmio.

— Buááá! Buááá! Eu sei que o desenho dele era lindo! Buááá! — exclamou Faniquita.

— O que tu achas que devemos fazer, Smi? — perguntou Piriá.

— Que tal irem cumprimentar o Forfo e voltar a brincar? — aconselhou Smilingüido.

Piriá e Fani reconheceram que estavam errados por pensar só neles e foram cumprimentar o vencedor. Forfo convidou todos para brincarem com o folhinete e tudo voltou a ser como era antes. Como é bom ver os amigos unidos! (ER)

É difícil perder. Mas como você pode demonstrar alegria pelo amigo vencedor?

Dia 76

O desejo de Faniquita

"... Tenha fé e coragem! Confie no Deus Eterno!" Salmo 27.14

Hoje de manhã Faniquita acordou e resolveu passear um pouco pela Floresdeira. No caminho achou uma pequena semente caída no chão. Como não conhecia aquele tipo de semente, Faniquita pegou o grãozinho e decidiu levá-lo para o mestre Formisã.

O mestre explicou que era uma das menores sementes que havia na Floresdeira e contou que a minúscula semente cresceria e se tornaria uma árvore enorme. Faniquita gostou da explicação e se lembrou de seu grande desejo. Então perguntou:

— Mestre, será que eu posso ser como essa sementinha?

Formisã não entendeu a pergunta e pediu para Faniquita explicar melhor.

— Sabe, mestre, meu maior sonho é ser uma rainha grande e bonita igual à rainha Formosa! Mas sou tão pequenininha... Não sei se vou ser rainha um dia.

O sábio Formisã pegou a pequenina semente e disse:

— Se eu não tivesse falado que esta semente iria crescer e virar uma árvore enorme, você saberia disso?

Faniquita respondeu que não e Formisã continuou:

— Pois o Senhor Criador é tão maravilhoso que faz este grãozinho virar uma planta maior do que as de muitas sementes grandes. O mesmo vai acontecer com você, Fani. Tenho certeza de que você vai ser maior e mais bonita do que imagina!

Feliz, Faniquita abraçou o professor e agradeceu pela maravilhosa lição. (RB)

Qual é o seu maior desejo?
Quem conhece todos os seus desejos e sabe se eles serão realizados?

Transformando

Dia 77

"Para envergonhar os sábios, Deus escolheu aquilo que o mundo acha que é loucura; e, para envergonhar os poderosos, ele escolheu o que o mundo acha fraco." 1 Coríntios 1.27

— Que nojo! — exclamou Forfo, correndo após ter sujado os pés. — Está cheio de frutas podres aqui!

— Que foi? — Piriá parou de repente quando viu Forfo com aquela cara.

— Fui até o terreno das cultivadoras pra ver as plantações do formigueiro e olha só em que pisei! — respondeu Forfo.

Faniquita foi ajudar o amigo, que tentava tirar a sujeira das botas.

— Eca! — disse ela. — Isso é fruta podre mesmo! Como eles podem deixar algo tão estragado na plantação?

— Mas é isso mesmo o que eles fazem — contou Smilingüido. — Vocês não sabiam? Essas frutas podres servem de fertilizante. O mestre me contou num dia desses. As plantas crescem mais fortes e bonitas quando se mistura isso com a terra.

— O quê?! — se surpreendeu Piriá. — Tu queres dizer que algo estragado, parecendo tão inútil, ajuda a nascer mais gabiris?

— Certo! — confirmou o mestre Formisã, que ouviu a conversa enquanto colhia folhas para o chá. — E sabem o que mais? O Senhor Criador faz o mesmo conosco. Ele pode usar coisas ou formigas que parecem não servir para nada e transformá-las em algo de grande valor.

— Queres dizer que mesmo pequeno não preciso me sentir inútil? — perguntou Piriá.

— Exatamente — riu o mestre. — O Senhor Criador pode transformar pequenos como vocês em gigantes para ele. E também transforma coisas feias, como uma fruta podre, em coisas bem bonitas como uma gabiri gostosa!

— Oba!!! — exultou Forfo. — Isso é formidável! Não vou me esquecer disso!

(AF)

Nunca devemos achar que alguém é menos do que o outro porque para Deus todos temos grande valor. Inclusive você! Que tal agradecer a Deus pelo que você é e por aquilo em que ele pode transformá-lo?

Dia 78

Uma visita diferente

"Fiquem de pé na presença das pessoas idosas e as tratem com todo respeito..." Levítico 19.32a

— Olá, dona Formelga. Como vai a senhora?

— Muito melhor agora que você veio me visitar, Smilingüido. E você chegou na hora certa. Acabei de tirar uns bolinhos de sementes do forno. Estão quentinhos.

— Puxa, dona Formelga! A senhora faz tantas coisas deliciosas!

— Sabe o que é, querido? Vocês me tratam tão bem e isso me deixa muito animada. Tenho uma amiga, Formira, que não está bem. Sabe por quê? Ninguém a visita; só eu. Então ela fica triste e acaba não tendo ânimo para fazer nada.

— Vou chamar a turma e vamos visitá-la. A senhora poderia contar uma daquelas lindas histórias do Livro da Vida? Gosto tanto de ouvir! E a turma também. Tenho certeza de que a dona Formira vai gostar.

— Acho uma excelente ideia, Smilingüido! Vou preparar mais bolinhos de sementes e passaremos uma tarde inesquecível.

Dona Formira abriu a porta e mal pôde acreditar. Nunca tinha recebido tanta gente em casa. A turma toda estava lá. Smilingüido tratou de fazer as apresentações e logo todos se acomodaram para comer os bolinhos de sementes e escutar as histórias de dona Formelga. Com tudo isso a tarde passou rápido e a noite estava caindo. Era hora de ir embora. A turma se divertiu bastante e dona Formira ficou muito feliz com a visita.

Com isso os pequenos aprenderam a tratar melhor os mais velhos e a cuidar deles com carinho e respeito, sabendo que isso agrada ao Senhor Criador. (ER)

Como podemos demonstrar carinho e respeito aos vovôs e vovós? Se Deus permitir, quem também se tornará vovô ou vovó um dia?

Vou me vingar!

"Não se vingue nem guarde ódio de alguém..." Levítico 19.18

Dia 79

Era ainda bem cedo e os pequenos já estavam na escola do formigueiro.
— Ei, Pildas! Você me empresta seus lápis coloridos? — pediu Faniquita.
— Ah, não, *si minina*! — respondeu Pildas.
— Só um pouquinho, Pildas. Já devolvo! Você nem está usando...
Mestre Formisã, vendo o conflito, foi logo perguntando:
— O que houve?
— É o Pildas, que não quer me emprestar seus lápis. Ele está sendo muito egoísta.
— Ah, agora eu é que estou sendo egoísta, né? Lembra quando eu queria brincar com seus patins de casca de nozes e você não me emprestou? *Oxente*! Pois estou me vingando!
— Parem, pequenos! Que tal procurarmos saber o que o Livro da Vida diz a respeito dessas coisas e como resolvê-las?
Então, o mestre leu no Livro o seguinte:
"Não se vingue, nem guarde ódio de alguém de seu povo, mas ame aos outros como você ama a si mesmo."
E continuou:
— Além do mais, o Livro diz que devemos emprestar àqueles que nos pedem alguma coisa. Como vocês podem resolver essa questão agora?
— É, Fani. Acho que não agi bem querendo me vingar de você. Me perdoa, vai!
— Tudo bem, Pildas! Acho que eu também agi errado com você quando não lhe emprestei meus patins... Não vou mais fazer isso, tá?
Então os dois pintaram juntos as atividades e, depois, foram andar de patins na entrada do formigueiro. (TSC)

> A Bíblia ensina que não é certo se vingar. Então como você deve agir quando alguém lhe faz algo ruim?

Dia 80

Uma boa dica

"Assim como os perfumes alegram a vida, a amizade sincera dá ânimo para viver." Provérbios 27.9

— O que foi, Taploft? — Flau perguntou.
— Eu não estou conseguindo fazer a tarefa que o mestre Formisã mandou...

Taploft estava olhando para o caderno com jeito de quem não sabe como vai resolver a tarefa de casa. Pois é! Isso acontece até mesmo com os mais estudiosos!

— Posso ajudar? — Flau tentou.
— Não sei...
— Ué... Por que não?
— Bem... — Taploft coçou a cabeça — Preciso escrever uma redação e não consigo ter uma boa ideia.
— Ah! — Flau pensou, pensou... — Por que não dá uma olhada em volta? O Senhor Criador fez tanta coisa legal, que é impossível você não encontrar um tema pra sua redação.

Mais tarde, na aula...

— Parabéns, Taploft! Sua redação está ótima. Como você decidiu escrever sobre ajudar os amigos?
— Ah, mestre Formisã, o Senhor Criador nos dá amigos de presente, né? Eu apenas segui uma dica que um deles me deu. (SP)

Você aceita as sugestões dos amigos?
Você é um bom amigo e dá boas sugestões?

Você conhece o Senhor Criador?

"Cheguem perto de Deus, e ele chegará perto de vocês..."
Tiago 4.8a

Dia 81

— Smi, tu tens que me ajudar! Mestre Formisã me passou um trabalho muito difícil de fazer! Ele me mandou escrever tudo o que souber sobre o Senhor Criador! — comentou Piriá.

— Piriá, não acredito que você achou esse trabalho difícil! Você não fala com o Criador e lê o Livro da Vida todos os dias?

— É que... Bom, Smi... O problema é que hoje não deu tempo... Nem ontem... É que sempre acabo dormindo, ou algum amigo me chama pra jogar bola, brincar na Floresdeira, pegar gabiris...

— Ah! Então entendi por que você achou tão difícil esse trabalho! Me diz uma coisa, Piriá: você conhece o Tomé, aquela formiguinha que mora lá no outro lado da Floresdeira?

— Tomé? Eu não; nunca falei com ele!

— Então, com o Senhor Criador também é assim! Nós só vamos saber quem ele é se conversarmos com ele em oração e aprendermos sobre o que ele gosta lendo o Livro da Vida. E é tão bom ser amigo dele!

— Puxa, Smi, é mesmo! Preciso ser mais amigo do Senhor Criador! Acho que vai ser legal falar com ele e ler o Livro da Vida daqui pra frente. Vou começar agora mesmo! (TSC)

E você? Conhece o Deus Eterno? O que você pode fazer para conhecer a Deus cada vez mais?

Dia 82

Ressurreição - Parte Um

Jesus Cristo disse: "Ninguém tira a minha vida de mim, mas eu a dou por minha própria vontade. Tenho o direito de dá-la e de tornar a recebê-la, pois foi isso o que o meu Pai me mandou fazer." João 10.18

A aula de matemática está começando. De repente Flau entra na sala. Ela senta em seu lugar e em vez de prestar atenção na aula, fica olhando pela janela. Faniquita percebe que hoje Flau está um tanto distraída e pensa:

"Flau está tão calada... Ainda nem falou comigo hoje."

Na hora do recreio, Flau está sentada bem pertinho da Faniquita e do Piriá.

— Fani, já morreu alguém que você conhecia? — pergunta ela meio tímida.

— Sim... — Faniquita pensa na morte da joaninha Ana, que morava perto do formigueiro.

— Como é isso? Todos morrem? E aí não vivem mais aqui? — Flau quer saber.

Faniquita faz que sim com a cabeça:

— Quando morremos, vamos para outro lugar... Um lugar especial criado pelo Senhor Criador para aqueles que seguem a Jesus.

— É isso aí! E só ele, o Filho do Senhor Criador, venceu a morte, Flau. Lembras? Ele tem poder sobre a morte porque morreu, mas ressuscitou — disse Piriá.

— É mesmo, Piriá. Estava me esquecendo disso! Jesus é mesmo poderoso! Obrigada por me lembrar disso! (MK)

Quem é a única pessoa que morreu, ressuscitou e vive eternamente?

Ressurreição - Parte Dois

Dia 83

"... Para que todo que nele crer tenha a vida eterna." João 3.15

Flau andava curiosa ultimamente sobre a morte e por isso, perguntou à Faniquita, na hora do recreio, se ela tinha algum conhecido que havia morrido. A conversa acabou no assunto da morte e ressurreição do Filho do Senhor Criador, o único que tem poder sobre a morte.

— O que quer dizer "poder sobre a morte"? — Flau queria saber. — E se Jesus tem poder sobre a morte, por que a gente ainda precisa morrer? — ela continuava perguntando.

— Isso eu não sei — respondeu Faniquita. — Mas a rainha Formosa disse que um dia a morte vai sumir.

Aí, Pildas não aguentou mais ficar quieto:

— Oxente! Mas por que essa conversa agora, Flau?

Flau abaixou a cabeça e, quase chorando, disse:

— É que uma das minhas amiguinhas lá do *flopping* está muito, muito doente. Ela não pode mais sair pra passear e eu não sei se ela vai ficar boa.

Flau escondeu seu rostinho com as mãos, chorando a valer. Fani colocou seu bracinho em volta do ombro de Flau e disse:

— Snif! Desse jeito, também vou chorar.

No entanto Pildas falou:

— Oxente, amigas! Jesus pode curar a amiga da Flau. Ou então, se ela aceitar Jesus no coração, e o Senhor Criador quiser levá-la para estar junto dele, ela vai viver com ele para sempre.

Então, Flau pôde ficar mais tranquila, pois sabia que o Senhor Criador tinha planejado o melhor para sua amiga. (MK)

Você conheceu alguém que já morreu? Depois da morte, para onde vão aqueles que creem em Jesus?

Dia 84 — Ressurreição - Parte Três

"Jesus disse: '(...) quem crê em mim terá a vida eterna'." João 6.47

Flau continuava escutando, quietinha, a Faniquita e o Piriá conversarem.

— Morar com o Senhor Criador... Que legal! A gente nem precisa ter medo da morte, né? — disse Piriá.

— Não se a gente crer em Jesus — confirmou Faniquita.

— Não é difícil acreditar, porque ele fez tantas coisas boas quando esteve aqui na Terra. Mestre Formisã sempre conta histórias sobre Jesus — disse Flau.

— É, eu também creio nele! — completou Piriá.

— Mas crer em Jesus quer dizer acreditar que ele é o Filho do Senhor Criador, que morreu pelos nossos pecados na cruz e que ressurgiu dos mortos. Se você se arrepender de tudo o que fez de errado na vida e pedir perdão pra ele, aí ele lhe dá vida com o Senhor Criador — Faniquita falava como a rainha Formosa.

— Quer dizer que ele nos dá uma vida depois desta? — Flau queria entender.

— É isso aí! — Piriá já estava querendo comemorar.

— Existe essa coisa de ressurreição mesmo? — perguntou Flau.

— Claro! Jesus ressuscitou e quem crer nele também vai ressuscitar.

— É bom acreditar nisso! — Flau olhou ansiosa.

— E por que não? — Piriá perguntou espantado.

— Parece conto da Florestinha! Mas e se depois da morte acaba tudo e você nunca mais vê aqueles que morreram? — Flau ainda estava um pouco duvidosa.

— Ah, Flau! Há tanta gente que viu Jesus ressuscitado, que não dá pra duvidar. E se ele ressuscitou, por que não ressuscitaria os que creem nele?

Foi então que uma luz começou a brilhar para Flau. Ela sentia que encontrara uma resposta para as muitas perguntas do seu coraçãozinho. (MK)

> O que é vida eterna? Depois de morrer, onde irão ressurgir aqueles que creem em Jesus?

Ressurreição - Parte Quatro

Dia 85

"O outro discípulo, que havia chegado primeiro, também entrou no túmulo. Ele viu e creu." João 20.8

— Como vai ser esse negócio de ressurreição? — Flau insistiu. — Como foi quando Jesus ressuscitou?

— Ah, deve ter sido emocionante! — Faniquita respondeu empolgada.

— Os homens que mandaram matar Jesus colocaram guardas na frente do túmulo dele pra ninguém o tirar de lá. Mas não adiantou! — contou Piriá.

E Faniquita continuou:

— Como a ressurreição aconteceu ninguém sabe. É um segredo do Senhor Criador. Mas aí teve um terremoto terríííível, e um anjo do Senhor Criador tirou a pedra que estava fechando a caverna onde estava o corpo de Jesus.

— Os guardas levaram um susto tão grande que até caíram no chão de medo. Há, há! — completou Piriá.

— E Jesus? O que aconteceu com ele? — Flau queria saber.

— O túmulo estava vazio. Maria Madalena foi a primeira que viu Jesus três dias depois da crucificação. Ela se assustou quando viu que a pedra do túmulo estava fora do lugar e que Jesus não estava mais lá. Aí ela foi correndo contar para os amigos de Jesus — disse Faniquita.

— Os amigos de Jesus voltaram com ela para o túmulo, viram que ele estava vazio e aí voltaram pra casa. Aonde mais eles podiam ir? — Piriá ficou imaginando: se fosse com ele...

— É. Mas Maria Madalena não. Ela ficou chorando perto do túmulo. E aí, Flau, ela viu o Senhor Jesus! Viu que ele havia ressuscitado de verdade, que ele estava vivo mesmo! E Maria Madalena ficou muito feliz com aquela boa notícia assim como nós também podemos ficar — disse Faniquita. (MK)

Jesus morreu crucificado, ou seja, pregado numa cruz.
Quantos dias depois de sua morte ele ressuscitou?
Quem foi a primeira pessoa a ver Jesus?

Dia 86

Ressurreição – Parte Cinco

"Pois, quando os mortos ressuscitarem, serão como os anjos do céu..."
Mateus 22.30

Flau prestou muita atenção na história da Faniquita e do Piriá:

— E nós? Como vamos ressuscitar? — perguntou afoita. — Vamos ser desse jeito que somos agora? Vamos nos reconhecer? Eu vou ver vocês de novo?

— Não sei. Só sei que o Senhor Jesus logo vai voltar do céu pra buscar todos os que creem nele e ressuscitar aqueles que já morreram — respondeu Faniquita.

— Mas como vai ser? Quando a gente vai ressuscitar?

— Ih, Flau, agora não sei mais. Vamos perguntar pra rainha Formosa?

Os três saíram correndo e quando acharam a rainha Formosa perguntaram todos ao mesmo tempo:

— Como vai ser quando a gente ressuscitar?

A rainha Formosa, surpresa com a visita das formiguinhas, mas feliz porque queriam saber algo tão importante, convidou-as para sentarem e então contou:

— O Senhor Jesus disse que na ressurreição nós vamos ser como anjos. Jesus foi visto depois que ressuscitou. Ele parecia ser como antes, pois seus amigos o reconheciam. Porém, Jesus podia estar em qualquer lugar, a qualquer hora. Podia atravessar paredes e surgir de repente.

— Uau!! — Piriá achou aquilo fantástico. — Isso eu queria ter visto!

— Mas acho que não é muito importante como vai ser depois da ressurreição. O importante é que estaremos com o Senhor Criador. Aí não vai ter mais nada triste. Não haverá mais nenhuma doença.

— Puxa, quanta coisa aprendi hoje! Obrigada, amigos! Vou visitar minha amiga doente e contar-lhe tudo! Tenho certeza de que Jesus quer que ela e todo o mundo possam crer nele e viver para sempre! — Flau respirou aliviada. (MK)

Com quem vamos estar depois da ressurreição?
O que não vai haver no céu?

Ser pequeno

Dia 87

"Não deixe que nada o preocupe ou faça sofrer, pois a mocidade dura pouco." Eclesiastes 11.10

— Assim não tem graça. Chega! Estou cansado de ser pequeno!

— Ai, Forfinho! Não fica assim... Vem, vamos brincar! — disse Faniquita.

— Ah! Faniquita! Não vejo a hora de ser maior. Aí, sim, vou poder fazer qualquer coisa! Não dá pra fazer nada! Não pode isso, porque sou pequeno. Não pode aquilo... — reclama Forfo.

— É verdade que não podemos fazer muitas coisas ainda . Às vezes também fico chateada, mas por outro lado podemos brincar, dormir bastante... Comer... E sonhar... É muito legal! — Fani tenta animá-lo.

— Olá, pequenos! O que estas duas formiguinhas estão conversando de um jeito tão sério? Está uma manhã tão linda! Deveriam estar brincando, se divertindo! — falou a rainha Formosa, chegando naquele instante.

— Aaaaah! É que... — Forfo ficou sem saber o que dizer.

— Sabe, rainha, é que o Forfo está querendo ser grande. Está cansado de ser uma formiga pequena — ajuda Faniquita.

— Então é isso? Bem, Forfo, você precisa aprender a aproveitar bem o tempo de ser pequeno. Existem coisas que, depois de grande, também não podemos fazer, porque as responsabilidades são muitas. Nenhuma idade é melhor do que a outra. O Criador fez tudo sabiamente. Tudo tem seu tempo certo. Aproveite a infância, porque, depois que você for grande, sentirá saudade dela.

— É, rainha, pensando bem, estou vendo o Pildas e o Piriá soltando pipa e me deu uma vontade de brincar com eles...

— Então, o que vocês ainda estão esperando? Aproveitem! (JF)

O que você mais gosta de fazer? Quem tem mais tempo para brincar: as crianças ou os adultos?

Dia 88

Quero ser como o Senhor!

"Jesus Cristo é o mesmo ontem, hoje e sempre." Hebreus 13.8

Faniquita estava chorando e mestre Formisã foi tentar consolá-la:
— Por que você está chorando, Faniquita?
Faniquita suspirou, olhou para ele e disse:
— Ontem, o Piriá foi tão bom pra mim e hoje ele me tratou tão mal!
— E será que você também não mudou? Quem sabe ontem você se mostrou amiga e hoje, não? — respondeu o mestre, colocando a mão no ombro dela.
Faniquita abaixou a cabeça e respondeu baixinho:
— Eu... Eu só disse que ele é chato e logo depois ele ficou bravo comigo!
— Ah, então foi isso! Sabe, nós mudamos um pouco de um dia para o outro. Às vezes somos alegres e bondosos. E em outros dias nos irritamos com qualquer coisa — explicou mestre Formisã.
— Então hoje foi um dia que fiquei irritada com o Piriá — disse Faniquita.
— Fani, precisamos aprender muita coisa com o Filho do Senhor Criador. Ele nos ama todos os dias e nunca se irrita conosco. Ele nunca muda nem deixa de ser nosso amigo. Ele sempre é o mesmo! — respondeu mestre Formisã, deixando-a sozinha para refletir.
Logo depois Faniquita conversou com o Filho do Senhor Criador:
— Criador, me perdoa porque fiquei irritada com o Piriá. Me ajuda a ser mais bondosa, paciente e uma boa amiga. Quero ser cada vez mais parecida com o senhor! Amém!

(MS)

Às vezes você se irrita com seu irmão ou com os amigos? E eles se irritam com você? Quem nunca se irrita conosco?

Todo mundo faz

Dia 89

"Aquele que aceita ser repreendido anda no caminho da vida..."
Provérbios 10.17a

Como sempre, as formiguinhas estavam ansiosas pela hora do recreio. Todas queriam comer seu lanche rapidinho, para poder brincar um pouco, antes de continuar a hora da instrução.

E nesse dia, como em todos os outros, Forfo passou o recreio inteiro comendo, pois seu lanche era um pouco maior que o dos amigos. Mas enquanto comia, reparou que todos, sem exceção, terminavam de lanchar e arremessavam os restos de frutas e o guardanapo no cesto de lixo. Quase todos erravam o alvo, deixando o lixo jogado pelo chão. Porém não se importavam. Talento e Tolero também fizeram a mesma coisa. Então Forfo perguntou aos dois amigos:

— Vocês não viram? O lixo de vocês caiu do lado de fora do cesto!

— E daí? Todos fazem o mesmo. Eu não vou ajuntar! — disse Talento.

— É, não vou ajuntar! Vamos brincar! — remendou Tolero.

No dia seguinte, Forfo pegou o cesto de lixo e o colocou bem perto de onde a turma lanchava. Todos se olharam e o Smilingüido perguntou:

— Ué! Por que isso, Forfo?

— É que todos, inclusive eu, estamos acostumados a jogar o lixo no cesto, mas, quando erramos o alvo não ajuntamos e ainda dizemos que fazemos isso porque todo mundo faz. Isso não está certo, não é?

Todos se surpreenderam com a atitude do Forfo e o apoiaram, prometendo que ficariam mais atentos à limpeza do formigueiro. (CVW)

Quando você encontrar lixo pelo chão, o que é certo fazer: jogá-lo no cesto de lixo ou deixá-lo por ali mesmo? Se todos agirem assim, viveremos num lugar mais l_____.

Dia 90

Um domingo maravilhoso

"Como são felizes aqueles que tu escolhes, aqueles que trazes para viverem no teu Templo!" Salmo 65.4a

Formélia saiu para dar uma volta naquele domingo. Estava tudo tão calmo no formigueiro! O dia estava lindo, o colorido das flores alegrava e o sol brilhava forte. E aquela música, de onde vinha? Formélia foi se aproximando cada vez mais da melodia. Vinha de um pequeno grupo que cantava alegremente. Formélia foi gentilmente convidada a se unir a eles, o que ela não negou, pois estava encantada com suas belas músicas.

Naquela manhã Formélia descobriu o motivo da alegria que aquelas melodias transmitiam. Ouviu a história do Filho do Criador: que ele tinha vindo a este mundo para nos dar vida. Formélia ficou impressionada com todo o sofrimento que o Filho do Senhor Criador suportou até a morte. E assim Formélia entendeu que ele também tinha suportado tudo aquilo por ela: para que fosse salva.

— Hoje nós comemoramos a Páscoa e por isso estamos alegres. O Filho do Senhor Criador sofreu e morreu, mas não precisamos ficar tristes, pois ele ressuscitou no Domingo. Ele venceu a morte e hoje está no céu com o Senhor Criador! — alguém explicava.

— Sim, agora entendo que há muitos motivos para me alegrar nesse domingo, o Domingo de Páscoa. Obrigada, Filho do Criador, pelo seu grande amor que eu pude descobrir hoje. Amém! — Formélia orou.

Essa foi a primeira oração de Formélia. Depois disso ela queria saber mais sobre o Filho do Criador. Então o grupo de formigamigas sempre lia e lhe explicava o Livro da Vida. Formélia cantava com eles de todo o coração e sua vida se encheu daquela melodia para sempre. (CS)

O que comemoramos no Domingo de Páscoa? Escolha um amigo para contar por que podemos nos alegrar na Páscoa.

Vamos colorir?

Atividade :)

Atividade :)

Descubra quais são os sete erros:

Folha - boca da formiga da frente - olho da segunda formiga - caule da flor - cogumelo atrás da pedra - pé de uma formiga - pedaço da última fruta

Vamos colorir?

Atividade :)

Atividade :)

Descubra quais são os sete erros:

Antena Smi - pé do Pildas - pintinhas da Fani - pedra no fundo esquerdo - pedra no fundo direito - moita no fundo - planta perto do Pildas